吴聊问道

用视频号重塑你的职业生涯

吴卫华　编著

中国财富出版社有限公司

图书在版编目（CIP）数据

吴聊问道：用视频号重塑你的职业生涯 / 吴卫华编著 .—北京：中国财富出版社有限公司，2021.7

ISBN 978-7-5047-7478-1

Ⅰ . ①吴… Ⅱ . ①吴… Ⅲ . ①网络营销 Ⅳ . ① F713.365.2

中国版本图书馆 CIP 数据核字（2021）第 141983 号

策划编辑 谷秀莉 **责任编辑** 邢有涛 栗 源

责任印制 尚立业 **责任校对** 孙丽丽 **责任发行** 杨 江

出版发行 中国财富出版社有限公司

社 址 北京市丰台区南四环西路 188 号 5 区 20 楼 **邮政编码** 100070

电 话 010-52227588 转 2098（发行部） 010-52227588 转 321（总编室）

010-52227566（24 小时读者服务） 010-52227588 转 305（质检部）

网 址 http://www.cfpress.com.cn **排 版** 宝蕾元

经 销 新华书店 **印 刷** 宝蕾元仁浩（天津）印刷有限公司

书 号 ISBN 978-7-5047-7478-1/F · 3316

开 本 710mm × 1000mm 1/16 **版 次** 2021 年 11 月第 1 版

印 张 11.5 **印 次** 2021 年 11 月第 1 次印刷

字 数 159 千字 **定 价** 69.00 元

郭惠民

中国国际公共关系协会学术工作委员会主任委员、教授

互联网的社交媒体平台，给人们互相交流和传播信息提供了前所未有的机会。我的学生吴卫华经过二十多年公关实操历练，审时度势，毅然以“独立公关人”身份亮相其中，尝试运用互联网的多样化创新摆脱传统公关之局限，探寻非传统公关的“新公关”之路，精神可嘉，未来可期。

肖逸群

星辰教育创始人兼CEO、恒星私域工厂厂长、私域创富圈发起人

在流量焦虑的时代，如何“留量”成为难题，构建专属私域流量池势在必行。无论是企业还是个人，私域流量都是一份可持续创造收入的高利润率在线资产。微信生态是发展私域流量的核心阵地。视频号的诞生，链接了微信曾经独立的个人小世界与公域大舞台，视频号的直播功能，更是引爆了私域的“核弹”。当下是入局视频号、发展私域的最佳时机。如何抓住视频号红利，抢占私域发展先机，希望你在看完这本书后能找到答案。

林　少

十点读书App创始人

进入直播时代，超级个体变得越来越重要，小吴哥是资深公关从业者，亲历了时代从超级品牌到超级个体的变迁，他也从品牌公关的角色转型为超级个体，躬身入局，深度“构建”直播时代对于超级个体的理解，期待他的洞见。

纪柯言

曼盛资本创始合伙人

小吴哥做视频号有两个特点给我留下了深刻印象：第一是拍短视频从不写脚本，一气呵成，一镜到底，体现了他深厚的积累和优秀的表达能力；第二是温暖，很多人做短视频追求表达的锐度，甚至到了“反常”的地步，但是他的风格始终亲切、平和，让人很舒服。

杜　岩

阿杜孵化器创始人

我非常喜欢小吴哥的吴聊社群，虽是一个社群，但是小吴哥用专注的精神，将社群做成了以链接为主的生态圈，我非常钦佩！

安吉拉

元一资本联合创始人

无用之用，方为大用，“吴聊”之事，亦可尝试。在梦想与生活周旋中，保持热爱与好奇，才能看到更大的世界。

曹初牧

原广东广播电视台主持人　初心传媒创始人

小吴哥是品牌营销管理专家，如今入局视频号，坚持为用户带来营销传播等知识。有幸和小吴哥连麦过，小吴哥的提问不但睿智而且幽默，每个问题都直击重点。我也是吴聊社群的一员，我能感受到小吴哥的耐心、用心、细心，他总是给人一种如沐春风的感觉。非常期待《吴聊问道》的出版，希望和大家一起学习。

潘幸知

幸知在线华人女性心理成长平台创始人

非常感恩能够在视频号与小吴哥相识，并借此链接到很多优秀朋友！作为视频号梦想孵化器的吴聊传播，它的温暖赋能，它的精彩共创，我们有目共睹，吴聊，最有得聊的社群。

周怡君

中金富赛投资创始合伙人

吴聊社群刚刚成立就有幸加入，惊叹于小吴哥一路以来的发展，他开疆拓土，精准定位，通过各种精彩活动进行价值输出，激发吴聊社群极高的活跃度及商业价值，祝愿吴聊社群——视频号第一温暖社群，势能满满，红火发展！

PREFACE 序

本书的作者吴卫华，大家都亲切地称他为“小吴哥”，我是通过在上海举办的视频号峰会认识他的，随着视频号的快速发展，大量的视频号博主涌入短视频创作领域，在有关视频号的全国各个峰会及其他线下场景分享中，都有小吴哥的身影。小吴哥创办了吴聊传播，联合很多优秀短视频博主开展了多种活动，是视频号的第一批内容创业实践者和短视频文化传播者。

很多大咖建议小吴哥创建一个视频号社群，自己实践成长的同时通过自己积累20多年的公关思维赋能更多创业者，于是他创建了这个吴聊社群，通过收取 99元入门费的方式来甄选一些真正热爱视频号的小伙伴加入。短短半年时间，小吴哥的视频号部落就发展到了 300多人，入门费也涨到了 3999元，新人还在不断加入。不仅如此，这期间吴聊社群还从内部裂变出吴聊定制、吴聊咨询、吴聊问号、吴聊钢铁营、吴聊连麦会、吴聊陪跑营、吴聊读书会等若干个子项目，初步形成了吴聊 IP的亚生态，并通过先聚人再谋事吸引、感召了一批志同道合者组成团队。吴聊社群在全国众多社群中通过短视频迅速崛起并后来居上，小吴哥一定是有他独特的一面或者方法的。我想很多人都很想了解这种量价齐升视频号变现和快速增长背后的秘诀，为什么小吴哥的吴聊社群能够吸引和辅导那么多优秀的视频号博主，尤其是让原来孤立的博主紧紧地团结起来一致行动，支持推动每个成员打造自身定位 IP，创立收费社群，实现流量变现？大家更好奇的是，他是如何很好地运用自己职业生涯中的公关思维，向下做人，向上做事，链接人，激发人，成就人，创造了许许多多的“视频号第一”，打造出吴聊传播知名 IP 的？

本书的出版正逢其时，将为大家揭开这个谜底，为正在运作视频号和社群的小伙伴提供极具价值的实战操作指南。本书通过若干个视频号大咖和优秀群友访谈，为大家揭示视频号+社群二元生态涌现模式的内在逻辑，以及小吴哥亲身实践为大家总结出的独门秘籍，就像吴聊社群的口号“温暖赋能”一样，让更多的视频号博主和社群群主有机会靠近和参与这一突破性的实践，并从中学到与时俱进的认知和方法。

我是畅销书《社群电商》的作者，曾和导师一起发起创办了国内早期知名的社群海星汇，作为中国移动互联网的见证者、实践者和受益者，在近 10 年的社群运营过程中，我们帮助和支持了近 1000 个各种类型的社群，海星汇的社群理念在全国传播，毫不谦虚地说，我们的运营是出类拔萃和卓有成效的。我本人非常欣赏小吴哥专业、务实的工作态度，以及其对每个小伙伴热情负责的职业精神，我常常把小吴哥称为“社群企业家”，因此我非常愿意给大家推荐这本书，让更多的小伙伴结识小吴哥，参与吴聊社群，与一群志同道合的人一起用视频号和社群作媒介，升级思维，链接资源，抱团共振，为自己和社会创造更大价值，拥有快乐人生。

叶问（叶小荣）
海星汇社群创始人
中国社群商学院创始人
2021 年 6 月 7 日

PREFACE 前 言

如何去定义一本好书？究竟怎样的书能够让各年龄段、各行业的读者在读完之后都有所收获？又如何能让视频号主在互联网时代下更好地把握自媒体的机遇期和掌握有关视频号运营的第一手资讯？有没有这样的一本秘籍能够让读者在看完以后就了解我们自媒体行业的整体运作机制，从而加深对视频号这一自媒体运作平台的认识，更好地促进这个运作平台走进传统行业、新兴行业，逐渐织就一张能将人们联系起来的“经济网”？

以上，就是我在撰写本书的时候一直在思考的问题。

现在社会上“快知识”太多又太过繁杂，对大家的信息甄别、收集、筛选能力带来一种很大的考验。作为一个具有20多年从业经验的资深公关人，如何利用自己所有的经验、知识为大家传道解惑，让大家最快、最新、最全面地学到作为一个视频号媒体人该做的事情？视频号究竟该做什么？如何去经营？怎样开始经营？如何在这个互联网发达、视频号与公众号遍布天下的时代脱颖而出，让自己的品牌从起步开始，逐渐达到一个相当的高度？又如何让品牌从一定的高度逐步上升到IP，从而获得自己在行业内的话语权……这些都是我一直想让每个优秀的自媒体人了解的知识。传道授业，责任重大。所以，我决定通过本书将我在这个行业20多年来的所见、所闻、所知和所想，通通传达给读者。

在互联网时代出版这样一本书，大家最关注的问题是什么，以及后续如何将视频号运营到流量变现，是必须要充分体现和说明的。当然，我相信大家在《吴聊问道》这本书中一定会找到与自己心中疑惑相对应的答案。在今后的日子里，吴聊传媒也会践行承诺，与各行业合作伙伴风雨同舟，为大家共同的事业而奋斗。

自2020年6月28日吴聊传播发出第1条视频，到2020年8月18日吴聊社群建立，吴聊社群一路发展成为视频号领域精品社群。2020年10月15日，吴聊获得视频号金V指数排行榜第28名，得到更多粉丝和大V的认可；2020年11月21日，吴聊传播参与中国首届视频号年度峰会，获得“优秀视频号博主”的称号，同步推出吴聊IP定制，获得“梦想赞助商”称号；2020年12月30日，吴聊传播推出视频号定位、起名、口号咨询业务——吴聊咨询；2021年2月3日首届视频号社群春晚——吴聊春晚开幕，实现线下线上一体化跨界整合，近百位视频号大咖参与；2021年2月7日，吴聊传播旗下直播品牌吴聊问号第1期启动，以日播的形态连续采访视频号大咖……

吴聊传播一路走来，披荆斩棘，它以一个公关咨询领域创新者的姿态，在行业里逐渐获得一席之地，得到业界人士的肯定。吴聊传播之所以能取得今天的成绩，离不开诸多业界人士的支持与关怀。一直到今天，我们仍然在不断学习、开拓，不断向前、攀登高峰，也在用自己的方式帮助那些处于视频号经营起步期与迷茫期的伙伴。苦心人，天不负，吴聊传播一定能开创一个属于互联网新公关的辉煌时代！

目录

CONTENTS

读书篇

用公关思维定义视频号 / 3
用《孙子兵法》玩转视频号 / 8
演讲力——在窘境中成长 / 13
寻找自己的角色定位 / 19
听书能否替代读书 / 21
价值3亿元人民币的恋爱 / 26

问道篇

视频号运营宝典 / 35
视频号的商业价值——资深投资人为何也将目光投向视频号 / 38
视频号以人为本的用户思维 / 43
视频号赋能女性成长 / 47
演讲力——视频号的核心能力 / 51
架构视频号“微光”，汇聚短视频力量 / 53
如何打造一个视频号赋能平台——以吴聊社群为例 / 58
如何从公众号成功切入视频号赛道——以“十点读书”为例 / 61

信任经济风口下的个体 IP 创业——探讨视频号赋予的创业价值 / 67
玩转视频号的底层逻辑 / 73

悦 人 篇

视频号的直播魅力——打造消费新模式，引领消费新观念 / 85
视频号只是起点而不是终点——做高情商、有温度的互联网人 / 90
如何通过视频号跨界创业 / 92
在视频号内循环——10 年不遇的机会 / 97
深耕“私域”资产的四要素 / 101
女性力量因社群而“绽放” / 105
简约商业思维——创新、创业的核心思维 / 109

有 为 篇

视频号的功能设计 / 121
微信视频号与其他短视频平台的差异 / 128
视频号的商业价值 / 135
个人视频号如何运营 / 142
企业如何做好视频号 / 152
视频号的未来商业发展猜想 / 160

附录 “吴聊咨询”案例选粹 / 163

读书篇

发展迅速的科学技术，加快了人们的生活节奏，也提高了人们的生活标准。许多网站、手机App应运而生，满足了人们各种各样的生活需求，视频号就是这个时代的产物之一。那么，视频号究竟为何要借助《孙子兵法》和“粉丝文化”？视频号主自身又需要具备怎样的能力才能运营好一个出色的视频号呢？

用公关思维定义视频号

一、公共关系与媒体传播

“公共关系”一词首次出现于1807年美国总统托马斯·杰斐逊的国会演说。根据爱德华·伯尼斯（Edward Bernays）的定义，公共关系是一项管理功能，通过制定政策及程序来获得公众的谅解和接纳。公共关系行业的性质使其不可避免地与媒体产生密切联系。

回顾我本人的职场生涯，我于1999年加入公关行业，截至目前，已经连续不断地从事了20多年的品牌公关工作。在公关行业中，对我来说最深刻的一点感悟就是任何传播、公关品牌的打造，实际上都和当时社会环境中的媒体形态和媒体技术关联性非常强。

时间追溯到1999年，那时的我刚离开校园，第一份工作便是在一家公关公司负责与各大媒体联络，发送新闻稿件，当时和客户联系沟通的设备还是很陈旧的传真机。所以我在领到第1个月的薪水后，马上给自己买了一个寻呼机。在那样的年代，这种沟通方式给我留下了非常深刻的记忆。

与现在相比，当时的交流非常不通畅。如果新闻稿中写错一个字，我必须与各大媒体进行几百遍寻呼，必须将所有的媒体都通知到，媒体一旦没有接收到通知，将错误的新闻稿刊发，进而全国发行后，白纸黑字无法更改的错误，会带来谁都无法承担的后果。

马歇尔·麦克卢汉（Marshall McLuhan）说过，媒介是人的延伸。时光荏苒，20多年过去了，媒体的形态也从平面媒体演进到多媒体，从互联网到移动互联网再到以社交媒体为代表的自媒体，人们可以随时随地自由地表达自我。丰富的媒体呈现方式改变了人们生活的方方面面，对于公关品牌打造、文化传播来说更是如有天助。

二、媒体传播从渠道到内容的变化

传播“communication”同时还有沟通的意思，品牌沟通、媒体沟通、人际沟通……所有事物的连接都离不开“沟通”二字。我一直在公共关系领域进行深度研究，过去一直把媒体当成一个传播渠道来使用，无论是曾经的纸媒、广播媒体、电视媒体还是互联网媒体，更多的都是跟这些渠道去沟通。后来我开始运营自己的微信公众号，同时延续到视频号，我对新媒体有一种天然的熟悉感和亲近感，也非常愿意去了解和研究它。

在传统媒体时代，所有品牌公关的核心工作都是确立自己的核心信息，同时加强和媒体的沟通，确保媒体能够采纳自己的信息。而到了自媒体时代，品牌主和公关人也都有机会拥有自己的媒体，这样传播渠道和传播信息合为一体。例如，我本人就通过运营视频号接触到各个领域的大咖，突破了既有的传统时空方面的局限，让我获得了更多的关注度，能够有机会与多位业界大咖深度沟通，实现合作与共赢。

在传统媒体时代，能够在社会中成为传播者的只是少数人。而现在，人人手中都有“麦克风”，媒介的变化，使我们每个人都有可能在网络中成为一个信息传播者。在这个自由表达的时代，创意变得尤为重要。在信息碎片化时代，如何吸引公众的目光，成为一门硬功夫。用户接触信息的范围无限扩大，渠道无限便利，距离无限缩短，内容才是用户真正追求的东西，决定着用户的走向，通过内容留住客户，才能最大限度地实现流量变现。

而这其中的核心，就在于做好一道“数学题”：交集。简单来说，就是找到品牌想要传递的信息与公众所关注的信息形成的最大的交集。而寻找交集的能力，是需要经过专业训练的，否则不可能有完美的“上帝视角”。

三、品牌公关中的变与不变

公关传播中最根本的东西还是媒介，同时要基于双向沟通，理解对方的情感诉求，理解消费者的观念，让消费者有参与感，最终形成口碑。这是公关传播永远不会改变的核心。

媒体的变化决定着品牌公关使用什么样的方法才能够引发公众的共鸣。视频号正在改变品牌公关的运作模式。

四、用公关思维运营视频号

人们在不了解信息的时候，会感觉这个世界充满了不确定性，而要解决这种不确定性，需要人们去探索、发现。所以人的眼睛需要借助媒体“看”到人所不能在的地方，人的耳朵需要借助媒体“听”到更远的声音。通过社交媒体，公众能够随时随地了解这个世界。

在信息密度越来越高的今天，短视频成了最好的信息传播载体。现在，我们通过手机可以随时随地感知世界每个角落发生的事情。短视频的如下优点使运营视频号成功的可能性大大提高：时间有限，不会占用太多时间，这是第一点；第二点，声光电效果全有，能听到声音，能看到画面，并配有文字，这是感官非常好的延伸。另外，很重要的是视频号的推荐机制是基于朋友圈的，是基于我们真实的微信好友的。窥探欲是人类的本性，我们总是会好奇朋友的动态，视频号极大地满足了人们这方面的好奇心。

每一代媒介技术和媒介平台都会成就全新的意见领袖，正如同博客成就了徐静蕾，微博成就了姚晨，直播成就了薇娅和李佳琦等，短视频时代视频号又会成就谁呢?

毫无疑问，成就的一定是最会用视觉语言讲述“故事”的人，而这些“故事”是指向人的内心的，是直指人类底层操作系统的，是直指正能量和人内心中最柔软的地方的。

例如，视频号大咖萧大业的一则讲述父母相濡以沫的爱情故事的短视频，创造了巨量传播现象，全网播放量高达上亿人次。这种播放量在传统媒介时代是无法想象的，这缔造了视频号传播的全新高度。该条短视频在朋友圈精准链接人群，不断地产生涟漪效应，被大量点赞、转发进而破圈。而推动这一切的就是情绪、情感共鸣。萧大业的这一则短视频，可谓直指人心最柔软的地方，触发了最强的转发机制：情绪。

在短视频时代，任何不能触发情绪的内容都不是好内容。情绪就是“涡轮增压”，就是“飞轮效应”。做个人IP或者品牌IP，需要的正是这种强势的推动力量。在以往，这种力量是渠道、是媒介，而现在是情绪驱动的、与人的情感高度匹配的内容，以及精准的人群。打造品牌IP的关键，就在于找准靶向人群。

所以说，在视频号发展的未来，如果要想做好品牌传播，还是要回到原点——学会使用公关思维，重视情绪驱动、靶向原则。展现、传递情感，这是品牌公关的核心。通过视频号的日常运营，不断激活社群，保持社群的热度，并将活跃度或热度最终转化为销售量和成交量，这是视频号运营变现一条非常流畅的通道。

用《孙子兵法》玩转视频号

孙子曰："兵者，国之大事，死生之地，存亡之道，不可不察也。"这句话的意思是，战争是一个国家的头等大事，关系到军民的生死、国家的存亡，不能不慎重、周密地观察、分析、研究。将这句中的核心思维运用到视频号运营中，也很有指导意义，如果不在一开始的时候就仔细谋划视频号运营，极有可能出现的结果就是无人喝彩，以致断更，半途而废。我将视频号和《孙子兵法》结合起来，进行对比研究，发现二者有很多共通之处。我觉得这套兵法是一套很好的工具和方法论，特将之推荐给视频号主。

自从我2020年6月28日开通视频号，已经坚持日更超过365天，可以说这种状态是"痛并快乐着"。我也观察到，有部分视频号主由于时间上的压力或内容输出压力，视频号出现了断更的现象。我认为这样的行为可以理解，但是视频号一旦断更，重新开始，实属不易。所谓"一鼓作气，再而衰，三而竭"，做视频号"这一场战役"，在战前一定要做好充分准备，在战术上也要灵活多变，不断更新，同时战略上也要做好长线作战的心理准备。

《孙子兵法》："故经之以五事，校之以计而索其情：一曰道，二曰天，三曰地，四曰将，五曰法。"做视频号也要通过"敌我"双方在这五个方面的分析，得到详情，来预测"战争胜负"的可能性。一是道，二是天，三是地，四是将，五是法，将《孙子兵法》中的战略与视频号相结合，我总结出了以下几点运营视频号的方法。

一、道：精准定位，上下同欲

"道"原指君主和民众目标相同，意志统一，可以同生共死，而不会惧怕危险。视频号的号主应该与粉丝目标相同，有共同的价值观、审美观等，要有共鸣点。

所谓的"靶向用药"，就是找准最核心的病变部位，锁定病源以释放出更大的药效。运营视频号也是如此，需要合理运用"靶向原则"。

视频号创作者一定要知道自己创作的视频到底是给谁看的，找准人群，输出精准定位的视频内容，与粉丝直接产生最强的共鸣。视频号的内容只有真正驱动了粉丝的情绪、触及其核心利益的时候，粉丝才会自发进行转发、点赞。

二、天：话题借势，顺应天时

"天"，指昼夜、阴晴、寒暑、四季更替。在视频号的内容输出过程中，也要强调天时，也就是说，视频号的内容选题要考虑当时的时间节点，可以结合近期热点新闻事件，联系和自己定位相关的内容去做选题。

例如，法律大号“虎妞律师黄举维”从罗永浩还债这条热点新闻中提取了“如果不还钱，老赖的后果是什么”这一核心主题，视频一经发布，取得了不错的播放数据反馈。视频号“日不落全球粉丝之家”，在中秋、国庆双节到来之际，发出了“中国节”的祝福接龙创意活动，也得到了很好的反馈。时效性的捕捉对视频号内容的发布非常重要，这能帮助视频号赢得更多的流量与关注。

三、地：因地制宜，错位竞争

“地”指地势的高低，路程的远近，地势的险要、平坦与否，战场的广阔、狭窄，是生地还是死地等地理条件。在视频号运营过程中，要根据自身的特长，结合目前市场的空缺，寻找一条适合自己表达方式的道路。例如，“峰帅聊营销”，“峰帅”本人非常善于写作，拥有很强的剧本思维，而当时在营销这个细分领域讲故事的人还不多，所以他自然地用自己讲故事的手法去呈现营销的思维，获得了一致好评。

每个IP视频号主都有不同的性格特点，也有不同的擅长领域，要想做好视频号，必须要因地制宜，充分发挥个人的长处，做到扬长避短。如果你的形象非常好，那就非常适合出镜；如果声音很好，那就可以多利用声音的优势；如果画面的构思和审美非常好，就可以多多增强视频的画面表达力。用口播还是用vlog（微录），这都是每个人根据自己的优势做出的不一样的选择，一定要找到你的优势所在，不要“东施效颦”。另外，每个视频号主的信息源也不一致，应该找到最适合自己的信息加工方式。

四、将：IP 人设，品牌传播

“将”是指“将领”，好的“将领”应足智多谋，赏罚有信，对“部下”真心关爱，勇敢果断，军纪严明。每个视频号主，都是在营造一个IP形象，传播效果最终都依赖于媒介，同时要基于双向沟通，理解粉丝的情感诉求，在做视频号内容时将粉丝、消费者的观念融入进来，让粉丝和消费者参与其中，最终形成口碑。这是打造IP形象最核心的一点。

任何内容、任何事物都可以成为IP，比如一种价值观、一种人格等，IP的终极目标是追求价值和文化的认同，可以跨形态、跨时代、跨行业。品牌则始终依托于某一个具体的产品或服务，并在此基础上讲述自己的理念、自己的故事、自己的内涵，努力争取消费者或粉丝的情感共鸣和认同。从这一点来看，品牌可以理解为IP的一个组成因素。媒体的变化决定着IP形象的打造使用什么样的方法才能够引发公众共鸣。而视频号的出现，正在改变我们的品牌IP打造模式。

五、法：明确分工、运营心法

“法”指组织结构、责权划分、人员编制、管理制度、资源保障、物资调配，对这几个方面，“将领”都必须有深刻了解。运营视频号就像参加一场马拉松比赛，不能半途而废。视频号主肖逸群就介绍过，在他的视频号背后，有一个专业团队为他提供剧本、画面、录音、拍摄、宣发等服务，每项工作都有明确的分工，这样产出的作品才是一个完整、优秀的作品。我们在运营视频号时，也应当充分整合自身资源，明确每一个环节的分工与制作，形成一个专业的运营团队。

视频号创作者可能有过这样的经历：自己的一条视频取得了不错的效果，有很多粉丝私信自己询问问题或者寻求合作，最后你们通过加微信的方式进行了沟通。这就是微信的强大之处，其拥有非常强的社交生态优势，借助微信社群、朋友圈、公众号来传播、分享视频号，不用跨平台就可以建立沟通方式。可以预见的是，未来短视频“带货”也会出现在朋友圈、微信私聊场景，其将会拥有更高的社交信任度，这就是微信生态的天然优势。因此，视频号主可以通过个人微信、微信社群、朋友圈、公众号推广视频号，建立微信+微信群+公众号+视频号的私域流量生态。

以上五点，便是我从《孙子兵法》中悟到的关于视频号运营的工具与方法论，或许能为视频号创作者朋友在运营视频号的道路上提供一点参考与借鉴。

演讲力——在窘境中成长

演讲力是一个人面对三个及以上听众时有效讲话的能力，是职场人士必须具备的工作能力之一。在人们的职业生涯中，演讲无处不有，无时不在。演讲水平的高低看似是演讲者个人的小事，实际上是关系整体工作的大事。

一、初次演讲，偶遇台上窘境

虽说本人顶着一堆年度演讲人、公关培训师、专职提案人、客串主持人等头衔，但是回想起第一次站在讲台上的样子，真可谓窘态百出。我非常清楚地记得那是在大一，我参加了一个演讲大赛，当时没经验，以为演讲就是背文章，于是我找了一篇激情洋溢，但长句极多，非常拗口的美文来背。台下练得挺顺，刚开始的时候也还凑合，我以慷慨激昂的男中音开场，一下儿就成功地把台下评委和观众给镇住了。正当我暗自得意的时候，我看着讲台下盯着自己的那么多双眼睛，脑袋里忽然就一片空白，把记下的词忘得干干净净了！

由于我是死记硬背的，忘记了词就如同拉断了阀门，整个人都短路了，傻愣在那里。那一刻，我在台上感觉一秒都待不下去了，尴尬得只想找个地缝钻进去，但是出于对比赛的尊重，最后我还是磕磕绊绊地将文章背完，异常狼狈地结束了人生中第一次演讲。最后，主办方还出于人道主义，给了我一个纪念奖。

二、总结失败教训，探索训练演讲力的有效方法

大赛之后我总结了自己失败的教训：第一，一定不能死记硬背，而是要用关键词记忆法，将要讲的内容分段总结出关键词，然后每段内容用故事穿插起来，这样容易记；第二，心理素质要过硬。

关键词记忆法帮助我在讲坛上化解了一个又一个的窘境，有一次一个100多页的PPT，改来改去，最后的版本我还来不及看就仓促上阵了，但凭借关键词记忆法我还是有惊无险地完成了提报。有了关键词护身，演讲基本上可以保证逻辑清楚，简明扼要。哪怕忘了，也没关系，可以跳着讲。其实，讲得是否正确，听众不一定能够在短时间内分析和判断出来，但讲得是否连贯，大家听得可十分真切。

不过，要想真正有主场的感觉，还得“掌控”现场。需要对场地有一个提前了解，最好是先到会场站在演讲台上找找感觉，这样，当听众一个个晚于你到达时，你会感觉自己就是主人，听众都成了客人，你将带着他们参观你的“精神家园”。

当然，心理素质过硬也很重要，其实这很好理解。很多人口才不好，

不是因为不会说，而是因为不敢说。一看到面前有许许多多的人，他们就紧张甚至产生恐惧感。其实这是普遍存在的情况。这种情况的出现，主要是因为心理素质不过硬，正如一棵树，如果树根没有深扎土壤，稍大一点儿的风吹过，其就很有可能被刮倒，也就谈不上枝繁叶茂、郁郁葱葱了。“心理素质”就如同“树根”，只有根扎得牢固了，才有可能长成参天大树，而只有一个人敢说了，才有可能说好。所以经常训练自己，多多参与类似活动十分必要，一定不要害怕失败。

三、提升演讲力，基础很重要

提升演讲力，基础很重要。那基础是什么呢？又怎么训练呢？

首先，要靠响亮、清晰的声音把自己的思想传递给台下观众。其次，要有各种身体语言，比如眼神、手势和表情等。最后，需要聆听，拥有良好的记忆力。这些基础如同一棵树的树干，树干越结实，越挺拔，这棵树才有足够的可能成材。也就是说，只有打下一个好的基础，演讲力才能够有明显的提升，才能让演讲训练的系统性和实战性得到进一步加强。

技巧训练是演讲力训练中最为重要的一环。其中主要包括言之有物、言之有序、言之有理、言之有趣、言之有情和言之有文。总的来说，就是演讲有内容、不空洞；演讲人讲话逻辑清晰、层次分明且有理有据，能够做到以理服人；同时，还需要生动有趣、诙谐幽默，讲话饱含感情，能做到以情动人，演讲时演讲人神采飞扬、魅力四射。

《晏子春秋》中说“橘生淮南则为橘，生于淮北则为枳”，其原因主要在于水土不同。而演讲力的“水土”就是人的知识储备，平时多学习、多积累一些经典的案例故事、名人名言等，在演讲时才能运用自如。

语言是思维的外衣。一个思维水平较低的人，说话效果也很难尽如人意。有的人讲话丢三落四，逻辑不严密，甚至没有逻辑，经常给人留下把柄，这往往就是因为他们的思维水平较低。思维素质训练主要包括形象思维训练、逆向思维训练、质疑思维训练、类比思维训练和逻辑思维训练。

当然，经常和不同的人进行交流，也是一种非常有效的训练方式。人与人之间讲话沟通是有套路的，在不同场景要说不同的话。通过模拟与生活和工作密切相关的场景，反复进行训练，能帮助人们在演讲时对每种突发情况都应对自如。

四、勤能补拙是良训，坚持练习总有成效

人们都说良好的开始是成功的一半，一个好的演讲，首先要有一个好的开场白。我开场白的设计，一定与听众有关联。比如，回母校的演讲，我会先用当年的照片引发师弟、师妹们的共鸣。此外，打比方也是一种不错的开场方式。比如，有一次我主持一个新公司的成立仪式，是这么说的：今天我们所在的会场，就像一艘船，所有的水手都已经集结完毕，未来我们将携手并进，扬帆远航！

开了头之后，每一页PPT的内容就要按照金字塔的结构来组织发言了，也就是说，你要先用一句话总结这页PPT的核心信息，然后分几点来诠释这个信息，最后再延伸到相关的论据。页与页之间，一定要注意过渡，让

大家思绪连贯。一个好的演讲人，其实就是一个好的导游，每一页PPT都是一处好的风景，有了向导的引导，才更加引人入胜。

讲PPT有一个误区，就是直接念PPT，这样显得很呆板，不会产生附加值。大家都认字，如果你的作用只是将PPT念出来，那你就没有存在的必要了。而且，这样还特别容易产生紧张情绪，因为你要讲什么大家都知道，所以你的演讲就好像是在接受无数评委对你的工作检查，而不是由你主导给大家讲故事。因此，最好是讲些PPT上没有的内容，同时又能很好地呼应、佐证PPT上的关键词，比如一些故事、案例等，这样就会显得很生动，同时大家的注意力就会集中在你的身上。

演讲的过程中，还要注意随时观察听众，随时调整语调、内容。有一次下午的培训，大家都很困，我刚讲了几分钟，就发现气氛不对。于是，我马上提高声调，现场提问，大家的瞌睡感一下子就没了。而且，后续我频繁地用眼神与每个人交流，让走神的人不好意思再沉浸在自己的世界，而是打起精神认真听讲。

聚焦，是信息传递的核心，重要的核心信息一定要在演讲的全过程不断重复、不停强调。而且，在演讲的最后，一定要用最简单的词语总结一下今天所讲的内容，让大家记忆深刻。一次成功的演讲，不在于你讲的内容有多少，而在于听众记住了多少，哪怕记住的是一句话、一个词。要想成为一个成功的演讲人，就是一个字：练。正所谓台上十分钟台下十年功，要想提高演讲功力，只有一条途径：不断地练习，不断地总结，不断地提升。

演讲力是现代人必须具备的重要能力，它甚至在一定程度上决定了人生的宽度和事业的高度。学习演讲，提升演讲力，是当今社会成员尤其是职场人士必须要重视的一件事。

可以毫不夸张地说，未来不具备演讲力的人将随着社会的发展而逐渐被边缘化，直至被淘汰。从改革开放到2021年的今天，我们的社会模式已经发生了根本性的变化，演讲再也不是人们过去所认为的只有参加演讲比赛、当领导讲话才会用到的可有可无、可会可不会的东西，而是值得我们平时就花时间和精力去学习和提升的一个必需技能。演讲力的强弱，直接决定了一个人是否能迅速且清楚地表达自己的意见，是否能让对方了解自己，最后接受自己。可以说，两个业务能力相当的人竞争，演讲力强的一方胜出的可能性比另一方高得多。因此，无论一个人的性格是内向还是外向，社会环境都决定了他必须要学会演讲。演讲并不是夸夸其谈，而是一个人能够准确、生动地表达自己的观点。对于大部分人而言，不接受专业的训练，不经历一次又一次的窘境，着实很难成为一个完美的演讲者。

 寻找自己的角色定位

一、亲子关系紧张如何化解

大家有没有发现，即使是最调皮的孩子，他在学校里的表现也总是比在家里要好一些？你有没有想过这究竟是为什么？原因其实很简单。在孩子的概念里，老师就是权威。这就是老师和学生的角色定位问题。而父母、爷爷奶奶等，长久以来更多的是扮演孩子的亲人角色，孩子对这些人的认知与对老师的认知不同！

因此，我得出一个结论，孩子教育中，家长要做好角色定位，不能一味宠溺孩子，而是要从孩子小时候就建立孩子的规则意识，让孩子从小就养成好的习惯。当然，亲子关系紧张不单单是教育引起的，这就要求家长做好多面角色。

二、家庭关系该如何缓和

搞清楚自己的角色，给自己一个正确的定位，是我们平时不是很重视却又着实很重要的一件事。可惜大部分人都没注意到这一点，更别提把这

事情做好了。

许多时候，家庭关系出现问题，主要的原因是角色错位。比如婆媳关系问题，婆媳能否融洽相处，其最大的关键在于儿子（丈夫）。因为他是连接母亲和妻子这两个女人的纽带。他需要不断切换儿子、丈夫这两种角色。面对母亲时，要感谢其养育之恩，体贴其年迈之苦；面对妻子，更要宠爱呵护，悉心开解。其必须要时时地让双方相互理解，做两者之间的“润滑剂”。

此外，伴随着孩子的成长，家长只有不断更新自己的角色以适应孩子的成长，才能实现亲子关系良性的转型、升级。

三、职场中该扮演怎样的角色

职场中同样如此，面对客户，你是服务提供者的角色，自然要站在客户的角度，向内挖掘，找自己的问题，提升自己的服务能力。面对领导，你是下属的角色，当然要站在领导的角度，考虑公司长远的发展，上传下达。面对下属，你是领导的角色，必然要站在下属的角度，体会他们的所思所想所需，让他们获得事业上的成就。面对平级部门，你是合作者的角色，当然要清楚认识部门的责任、权限，不要出现越位、错位的问题。

总之一句话，时刻都要厘清自己的身份和角色，扮演好自己该扮演的角色，做一个优秀且成功的“演员”。

听书能否替代读书

现在科技发展迅速，各种网络、移动终端以及内容供给十分丰富，一批听书App应运而生，越来越多的人开始听书。

一、广告词不可信，听书效果远低于读书

我曾经被“一天读一本”的噱头吸引，也下载了类似的付费App，初次接触新鲜事物，又能解决没有空闲时间读书的问题，一时感觉非常兴奋，觉得这一年坚持下来，起码能读上百本书。

但噱头之所以叫噱头，就是因为真实性着实欠佳。刚开始我坚持了一段时间，早晨起来一边洗漱一边听书，效率看似真如广告宣传那般高，有的时候在车上也能听上一本，几件事同时进行，丝毫不耽误。不过，问题很快就显现出来了，当时听过的，过了一段时间，基本上忘得一干二净，就跟没听过一样。听书的过程，更多的只是获得了一种“我听过这本书，我没有浪费时间”的心理安慰，无异于自欺欺人。有时候甚至夸张到连书名、作者都没有好好记下，一开始的高效率到最后反而像是一种浪费。

所以，在我看来，听书根本无法取代读书。我们去一个城市旅游，有的人到著名的景点逛一逛，拍张照片就走了；而有的人除了去著名景点，还会在城市的大街小巷走一走，早晨去吃吃当地的特色小吃，晚上去看看当地的夜生活，放慢脚步在街上看看当地人是怎么生活的，感受一下当地的民俗风情。读书和听书就像这两种旅游方式，听书属于第一种，在景点拍照打卡，读书属于第二种，在大街小巷感受这个城市的风土人情和文化底蕴。

二、阅读不可走捷径，思考过程必不可少

以前的我也曾经追求知识的快速获取，现在的我更喜欢深入地了解一本书的“脾气秉性”，并不是说书中的知识不重要了，而是有更值得玩味的东西在里面。读书就像人们需要亲自去吃饭，我们的整个消化系统是互相配合、共同锻炼的，从咀嚼开始到胃肠蠕动到最后的消化，这是一整套过程。书的营养就在这样的过程中慢慢地渗透到我们的思想认知里，与我们融为一体。

听书则省略了这一整套过程，直接把别人的“营养”注射到我们的体内，但实际上我们的身体并没有完成整个消化吸收过程。这种快餐式的获取知识的方式，显然是不可取、不可持续的。

把书当成一种快消品，当成娱乐项目，这只能满足自己正在学习这样一种“成就感”，或者对抗一下知识不足的焦虑感，用听书来装点一下自己的“门面”……

三、纸质书和电子书 PK，读书笔记很重要

读书也有读纸质书和读电子书的区别，对于这两者，我的感受是各有利弊。读纸质书可以直接触摸到书的质感，而且在书上可以非常方便、直观地做笔记、做标注。特别是你日后要使用的时候，拿起书来可以直接翻到特定的章节，非常方便。但唯一的问题就是太占空间，所以值得保存的经典书，我的建议是收藏纸质书。

电子书最大的好处就是便于携带。当电子书上没有其他网络信息的干扰时，人们可以沉下心来读，读者也可以用电子墨水做相应的笔记，同时，可以定位到指定的段落。另外，比较特别的一点是能看到书中被书友标注最多的一些段落，这相当于你能够了解读者之间产生共鸣的具体章节以及语句是什么。在选书的时候，你也能直观地看到大家的评论和相关的推荐。但与纸质书相比，其仍在质感方面有所欠缺。

更好的读书方式应该是读后自己去讲述或者自己去写读书笔记，并将之整理成读书心得。作为一个用心的读者，如果你能够沉下心来读每一本书，用输出的方式去影响输入，那你就又前进了一步。那些所谓的知识付费项目，收获最大的其实是讲师本人，因为他为了讲述一个观点，必然要把书从厚读薄，然后再结合自己的人生感悟从薄到厚地分享出来，听众则不然。

如果想提炼书的精髓和观点，身体力行地实践是极为关键的。在遇到大事和做重大决策之前，如果你能够回忆起所读的书中类似的内容，你就会感觉仿佛有智囊团在你身后。例如，对于这一次疫情，以及2008年国际

金融危机，塔勒布在他的著作《黑天鹅》中早就给出了应对策略，那就是“杠铃法则”以及“冗余法则”，但大部分人忽略了他所说的。

四、探索书中奥秘，享受多彩人生

很多人都知道这句话“听过很多道理，但依然过不好这一生”，这种状态的关键显然在于，你只是听了，没有想，更没有做，那自然是过不好这一生的。所以，在“世界读书日”这天，一起来认认真真、好好地沉浸于读书，去体会书香，去感受人生的智慧吧！每本书都是一个好老师，你人生中遇到的任何一个问题，都一定会有一本书能够帮你解决。答案就藏在书里，你要做的事情就是不断地去探索，不断地去寻找。

那读书读不下去怎么办？可以试试换一本书，换一本你觉得读得下去的书，几本书同时读其实也不错，最关键的是不断地去读，把读书这个过程完成，这是非常重要的。书随心变，有的时候一本书你今天读不下去，明天或者过一段时间你重新拿起来感觉可能又不一样了，读书比读什么书更重要。

书和书之间其实有很多的内在联系，比如说读史密斯的《人的宗教》，你能知道人类宗教的各种起源和故事，联系到亨廷顿的《文明的冲突》，你就知道了宗教在文明冲突背后起到的巨大的推动作用。读丹尼尔·卡尼曼的《思考，快与慢》这本书，你会发现，原来丹尼尔·卡尼曼和《黑天鹅》的作者塔勒布是好朋友，在塔勒布的《黑天鹅》中你也可以看到他对于丹尼尔教授的推崇。作者之间的互推是你可以惊喜地找到的一些内在联系。

书慢慢地读多了以后，你就会感觉你一点点地拨开迷雾，“光明”慢慢地连成线、连成片，你人生的迷雾慢慢被驱散。

在这样一个充满电子屏幕、微视频，各种直播“喧闹”的环境之下，我们对于信息的碎片式获取已经成了一种习惯。静静地去品读一本书，需要很强的定力。

我国文字历史悠久，这种最有历史感和生命力的信息传播载体，其实是最能够锻炼人类思维的一种工具。听书看不到文字，得到的只是别人过滤过的信息。其实，一沙一世界，每个人的感受是不完全一样的。别人认为不好的内容，在你看来可能很有共鸣，如果不把全书读完，你是不会完整地体会到一本书的妙处的。

网络上出现的各种“论战”，其实都有一个深刻的原因，就是人们对于信息的认识、理解不同，这当然与读书的多少有关、信息来源的多少有关。当你长期只被单一的信源“灌溉”，你的思想、你的语言势必也会模式化。而当你博览群书，知识丰富，思路开阔，受到智慧的洗礼时，你就更容易做出客观、清晰的判断。因此，可以说，读书的多少决定了一个人的“底层操作系统”高级与否。

回归心灵，回归思考，回归现实。读书这件事不仅是“读书日”这一天的事情，也不是自欺欺人的事情，而应成为一种生活习惯。在每个充满不确定的日子里，书籍都能照亮我们的前程，它不一定给我们带来物质上的收获，但一定会给我们带来内心的充盈，给我们面对不确定性时的勇气和信心。

价值3亿元人民币的恋爱

粉丝是我国国内较为常见的食品之一，是一种用绿豆、红薯淀粉等做成的丝状食品。粉丝在我国台湾被叫作冬粉，在日本被称为春雨，在朝鲜半岛则较有历史感地被命名为唐面。

后来，粉丝因为和英文中Fans一词发音相近，才逐渐衍生出追星族的意思。

一、粉丝文化在我国流行，粉丝力量初现

“粉丝”一词在我国真正地流行起来，应该是2005年湖南卫视《超级女声》节目火爆起来。李宇春的支持者，从10多岁的小妹妹到五六十岁的阿姨，都为李宇春疯狂着迷。她们在比赛期间纷纷走上街头，拉票，投票，创造了令人难以想象的支持票数。在那个社交媒体尚欠发达的年代，李宇春最终以350多万条的短信得票数胜出。

粉丝的力量，由此事可见一斑。前些年电影《小时代》上映，其虽被

国内主流影评人集体吐槽、批评，但郭敬明和众多主演的粉丝绝地反击，让人看到了这些偶像人气之强、号召力之大，以及粉丝团结起来的时候力量之强大。

二、粉丝文化由来已久，疯狂不分国籍、圈层

勒庞曾经在《乌合之众》里对群体的特征做过详细的陈述：群体不善推理，却急于行动……群体在智力上总是低于孤立的个人，但是从感情及其激发的行动这个角度看，群体可以比个人表现得更好或更差，这全看环境如何……

其实，粉丝文化可以追溯到古代。比如“诗仙”李白，连杨贵妃、“诗圣”杜甫都是他的粉丝。传闻曾有一个年轻人为了一睹“诗仙”风采，历时半年，跋涉三千多里，才风尘仆仆地找到了李白。

据说杜甫的粉丝更为夸张，曾经有一个粉丝因为太崇拜杜甫，希望让自己从内到外得到升华，能像杜甫一样写得一手好诗，竟然相信“吃什么补什么”，将杜甫的诗集焚烧成灰，加入膏蜜，像喝补药一样天天喝，当真令人瞠目结舌。白居易的粉丝也十分疯狂，为了表达对白居易的崇拜和热爱，将他的诗刺满全身！不过，最会营销的当属苏东坡，东坡肉的风行，就是最好的例子。

英国学者克里斯·罗杰克在《名流》一书中写道：“随着上帝的远去和教堂的衰败，人们寻求救赎的圣典道具被破坏了。名人和奇观填补了空虚，进而造就了娱乐崇拜，同时也导致了一种浅薄、浮华的商品文化的统治。”

国外的粉丝更为疯狂，无论是经久不息的杰克逊模仿秀，还是著名的英国球迷，他们都在用自己的方式表达着对偶像的热爱，甚至达到疯狂的地步。“披头士”乐队的主唱列侬就在纽约被自己一名患有精神病的粉丝枪杀，年仅40岁。网球巨星格拉芙和塞莱斯是最为强劲的对手，有一次塞莱斯就被一个自称是格拉芙球迷的人刺伤……

在科技界，果粉是当之无愧的头号粉丝团体，特别是乔布斯在世期间，果粉会紧跟每一季的新品，即使价格高昂，也在所不惜。小米将这个模式演绎得最为彻底。雷军成了“雷布斯”，为了优化自己的操作系统，在初创时代他就招募了100个铁粉，即时试用最新款的软件，随时提出修改意见。也正是这100个粉丝的口碑相传，小米才有了今天的辉煌。

……

三、如何利用粉丝文化，创造粉丝价值

对企业来说，强大的产品是其立足市场的根本，但营销手段的创新，也至关重要。在社交媒体当道的今天，谁更贴近消费者，谁能制定更有针对性的营销策略，谁就将成为赢家。这其中，粉丝营销作为一种全新的营销手段，备受业界推崇，也因此衍生了粉丝经济学。

之前在长安马自达CX-5上市发布会上，组织者就充分调动了粉丝的主观能动性。整个活动中，车主们上场的次数不下十次，抽奖、发表感言、做游戏等，长安汽车把舞台彻底交给消费者，创造了汽车界第一个没有领导上台讲话的发布会。

了解粉丝的喜好，为他们打造专属的产品，Netflix（网飞）在这方面做得相当出色。他们通过对全美订阅用户喜好数据进行收集，其中包括观影记录、观影习惯以及所喜欢的明星和剧情等，从而为其受众量身定做了一部叫作《纸牌屋》的美剧，一经推出，便大获成功！

英国学者西尔斯（Hills）观察到，在从“广播”到“窄播”的媒介工业转型中，忠实的粉丝变成了最有吸引力的消费者。电视台如果想获利，不必追求最大数量的普通观众，只需要制造和迎合一定数量的最忠诚的观众即可。

“秦朔朋友圈”在和“90后”创业者孙宇晨的对话中谈道：“‘90后’的偶像观是断裂化、小众化、圈层化、精准化的，拥有的是帮派丛生的偶像阵营。因此，将资源砸向一个偶像，用一组广告和公关行为就能带动一整个群体的方式已经过时了。这种方式费力不讨好，只会浪费巨大的资源。因此，和粉丝近距离接触，了解他们的喜好，让他们站在聚光灯下，是做好粉丝营销的开始。”

正如“90后”创业者孙宇晨所说：“‘90后’拥有的偶像众多，‘90后’的市场是一个众多偶像都可以登场的平台，却没有一个真正的共同偶像。这与Uber类似，它提供了最多的汽车，可自身没有一辆汽车。赢得‘90后’的办法，应该是互相欣赏、三观统一、灵魂契合，把他们看作企业的恋人，以个性化谈恋爱的方式，精神共创，荣辱与共，共同成长，在价值观和精神上一起成长。”

互联网的发展成为助推粉丝经济发展的另一大动力。20世纪70年代，美国一批研究粉丝文化的学者，像亨利·詹金斯以及约翰·费斯克，提出一个观点：粉丝不单单是个体消费者，他们是一批比个体消费者更主动、更愿意去创造的人。这批人在互联网的模式下显得更加从容和自在。

凯文·凯利在《技术元素》中提到“1000个铁杆粉丝”的理论：如果一个艺术家拥有1000个铁杆粉丝，那么他通过经营个人品牌获得的收入就可以养活自己。从个人品牌到企业品牌，一代代偶像在大众传媒的生产线上不断推陈出新，满足着受众从生理到心理上的需求。

长安汽车推出的首次“公司级”客户关怀活动——“出彩客户季”之旅游达人季，慷慨地送出了马尔代夫双人七日游、2万元艺龙旅游储值卡、佳能单反相机等“豪礼”，活动一经启动便收获了全国各地车主的积极响应，仅从9月7日至9月18日11天的时间，参与活动报名的用户数量就突破1.5万人，活动H5页面的总浏览量高达1500万。

通过旅游达人这一主题的牵引，长安汽车成功地将用户推到聚光灯下，让用户成为舞台的主角，秀出自己的风采。一位CS75车主激动地表示：自己人生的第一辆车是长安之星，踏实可靠的它伴随着自己度过了青葱岁月。后来自己开了公司，选择的依然是长安，这期间，结婚、生子，现在孩子都上大学了，自己把悦翔换成了CS75。闲暇之余，自己组织CS75车友会，还担任了会长，与车友们分享幸福与喜悦。可以说，长安见证了自己人生中的每一个重要时刻，是伴随自己不断向前的好伙伴。

在长安汽车的粉丝盛典上，“首席代言人”朱华荣正式宣布，长安汽车将由“以产品为中心”转变为“以客户为中心”，2015年在客户服务领域的资金投入达1个亿，未来每年长安汽车都将投入3个亿用于粉丝运营、会员管理和客户服务水平的提升。可以肯定，在这样一个粉丝经济的年代，这一场“花费3亿元人民币的恋爱”必定能开出超乎人们想象的曼妙之花！

问 道 篇

视频号承载着新媒体人的梦想，体现着新媒体的价值。关于视频号成功运营的标准或特征，许多业内大咖从不同角度分享了自己的成功案例，这些案例丰富了我们对新媒体与视频号的理解。每位新媒体人都在追求用视频号实现新的突破，究竟如何实现突破？这个话题很实际，也很深刻。在本篇中，就此问题，我们来做一番探索。

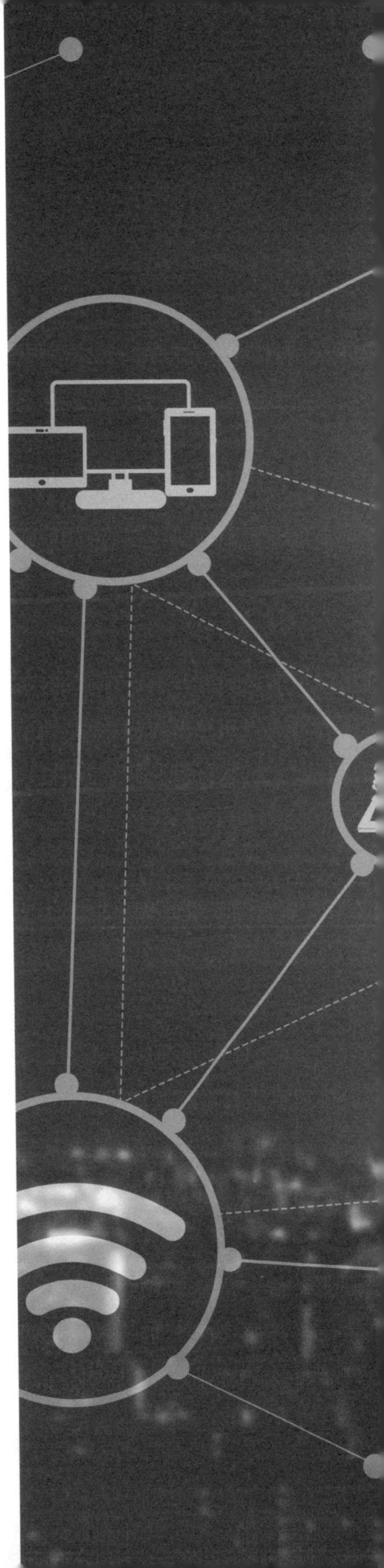

视频号运营宝典

运营好一个视频号首先是要有流量，其次就是流量变现，这样我们就可以很直观地看到视频号为我们创造的价值。

高总（高振刚）是知名题词工具创始人，也是连续创业者，拥有编程、管理、商务的从业经验，涉及行业跨度广，职业生涯经历丰富，对视频号运营颇有心得。墨菲老师是视频号行业的大咖。两位老师无论是在从业经历方面还是职业体会方面，都有非常丰富的经验。

做视频号后有何改变？开通视频号后，在人际交往、表达、镜头表现方面应该做出怎样的改变？知名企业的投资与开通视频号是否有关联？视频号里的表达与在专题节目和电视台采访节目中的表达有什么区别？视频号对号主认知的输出有何改变？

下面是我们根据两位大咖的亲身经历提炼出来的“视频号宝典”，以解除大家心中有关如何运营好视频号的疑惑。

一、创立视频号，会有什么改变

创立视频号，会有什么改变	创立视频号能够提升号主的感染力
	拍视频能让投资者习惯面对镜头，增强话语感染力
	引导投资者意识到表达的重要性，切实认真地提升表达能力

二、投资者如何运营好一个视频号

投资者如何运营好一个视频号	（一）直面恐惧，真实表达 （二）自律经营，产生输出 （三）知识必须“有偿”，形成付费系统 （四）打造社群，让知识和信息在社群内流通 （五）合成信息要迅速，重视信息时效性，用敏锐嗅觉捕捉信息 （六）转变经营创新模式，线上线下多元化经营，“玩转”视频号 （七）把握客户情绪痛点，把握社会脉络 （八）开创视频号服务新模式，学会扩大自身影响力 （九）打造跨行业生态，找到不同行业视频号运营的区别

三、视频号给当代生活带来了什么影响

视频号改变了人和人之间链接的速度，包括人与人之间信任构建的速度。

视频号让我们可以足不出户地拥有彼此，在不经意间就拥有了很多朋友，我们有共同的爱好、共同的话题和共同的烦恼等。不管是一个分享知识的号主，还是一个推广卖货的号主，或者是育儿的号主……我们的粉丝都非常真实地在陪伴着我们。

视频号给人们的生活带来了极大的便利和改变，人们可以学知识，可以交流情感……很多人因为视频号而开拓了新职业，重塑了自己的职业生涯……总之，视频号给我们带来了很大的影响。

当然，凡事都有好与不好这两面，视频号在给我们的生活带来便利的同时，其中也充斥着诸多消极、夸张的内容，我们也要学会辨别真假信息，多关注积极、正面的信息。

视频号的商业价值

——资深投资人为何也将目光投向视频号

在竞争激烈的互联网赛道，不乏佼佼者乘风破浪、扶摇直上，这其中必然有“福袋叔①”的大名。“福袋叔”是一位资深的职业投资人，其主要投资方向是互联网和互联网+传统行业。除此之外，“福袋叔”还是非常知名的视频号主，他的视频号致力于深度研究投资、融资以及创业者的心路历程等方面的内容，在视频号圈非常活跃，深受观众喜爱。

那么，这样一位大咖级的人物为何也将目光投向了视频号呢？资深投资人眼中的视频号有哪些特征？商业价值在哪里？投资人眼中什么样的号

---

① 本名孙一鸣，网名“福袋叔”，赛伯乐投资集团创始合伙人，北京创业投资协会副会长。1998 年投入互联网行业，从创业者到投资人实战 23 年，投资过猪八戒、ZOOM、科大讯飞、微医等，目前致力于投资金融科技、新零售、新媒体等领域。23 年“真金白银”的实战，打造了其三大专业能力：互联网（新零售 / 科技金融）、企业价值顾问、股权投资。

●第一标签：创业者的陪练员。

●第一原创方法论：福袋叔商业模式地图（适合中小微企业）。

●第二原创方法论：公司进化力双向飞轮（适合巨型大型企业）。

主更具商业价值？资深投资人会选择投资什么样的视频号团队？

一、视频号有哪些特征，商业价值在哪里

视频号主要有三大特征：第一个特征是更专业化，第二个特征是更商业化，第三个特征是更生态化。

（一）更专业化

更专业化怎么来表现呢？

很多头部视频号的成长过程都可以总结为一个模型，即“成长飞轮”，其主要由定位精准、价值刚需、创作高频、品质专业、运营强劲、变现持久和迭代高效七个模块组成。

视频号要更专业化，必须从号主的角度出发，视频号主不是一个人，而是一个团队，还需要创作高频。而要达到创作高频，至少要做到两点：每天至少发一条短视频；把直播做成日播，日播时长至少两个小时。

直播是一个低门槛的视频化表达方式，对于视频号主来说，要想走得更远，一定要把直播当成一个底层工具利用起来。一个视频号首先要保证流量，直播尤其适合没有粉丝基础的号主，等到有了一定的基础，就可以考虑把视频号运营到商业化的阶段了。

（二）更商业化

实现视频号的商业化，实质上就是实现视频号的变现。这主要包括四

点，分别为品牌变现、社交变现、技能变现、现金变现。

品牌如何变现？视频号一出现，最大的红利就是公域流量，它向我们每个人、每个机构敞开，让视频号创作者可以直接利用。

何为社交变现？举个例子，两个陌生人相识，彼此之间首先对于人、人品、能力认同，进而成为好朋友，一起去搞活动，合作一些项目，这就是社交变现。

何为技能变现？普通人通常认为自己颜值不够，也不敢面对镜头，那应该怎么去做？其实做视频号既可以出镜也可以做幕后的工作，比如你认为你不适合做前端，但如果你的文案写得很好，那就可以为视频号主提供服务，这样就叫作技能变现。

现金变现，对大家来说应该很容易理解了，在此不过多阐述。

（三）更生态化

视频号最后一个维度，也是其中最重要的一步，可以称为生态变现。例如，甲方有精酿啤酒，乙方觉得啤酒不错，那可以合作，甲方只需要把自己的啤酒做好，打造乙方的定制款，之后交付给乙方，由乙方通过他的出镜、他的影响力来销售，最后再分成即可，这就叫生态变现。

生态变现从更深层次来讲可分为两点：一是“视频号+主业”的运作模式，无论号主做不做视频号，都要关注视频号；二是“视频号+行业”“视频号+生态”。例如，投资者认为做视频号能够帮助美容美发的老板做好他的主业，就跟他合作；投资者认为跟酒类商家有合作前景，无论白酒、啤酒还是葡萄酒，都会去合作，这就叫“视频号+”。在生态化过程中，视频号主应该使视频号回归到工具本质，可以把它简单、粗暴地当作流量入口、品牌推广窗口，可以用视频号+所有的行业，找到适合自己的生态位介入。

二、什么样的视频号主更具商业价值

通过与资深投资人“福袋叔”访谈，我们得出了具有很高商业价值的视频号主的群体画像：

- 愿意用各种方式、各种渠道跟线上线下的粉丝高频互动；
- 具有陪伴型人格，能为粉丝提供长久的陪伴；
- 符合大众的审美，不仅形象好，言行也好；
- 有非常鲜明的能力，如长处、技能，同时还有一些能够让粉丝感觉到可以收获惊喜的本领；
- 有很强大的粉丝成交能力，粉丝愿意为其买单，也愿意为其溢价买单；
- 身体素质好，可以熬夜运作视频号。

拥有以上六个方面特征的人才，是投资者眼中最具商业价值的视频号主。

三、资深投资人会选择投资什么样的视频号团队

官方数据显示，目前视频号用户在看到的10条系统推荐中，有两条是朋友推荐的，只有一条是自己关注的，用户关注的视频号点开率非常低，并且粉丝看不到自己关注的视频号是何时更新的。投资人选择投资的视频号团队，必须是能够直击当前一些号主和粉丝痛点的。

“福袋叔”投资的精品号：专业宠粉工具，就很好地解决了用户视频号点开率低这一痛点。这个精品号：专业宠粉工具里边有几点功能非常值得推荐：

- 有关视频号的任何信息，都可以第一时间通知号主以及订阅视频号的粉丝；
- 为每一个视频号作品生成一个独一无二的二维码；
- 在每一个推文里链接你的作品，把一系列想给粉丝的好处大大方方地展现在推文里，用户只要扫码就能看到这条作品，打通线上和线下渠道；
- 为号主提供阅读推文的数据，能够帮助号主及时分析数据，调整作品的方向。

希望本部分内容能够为视频号主以及粉丝提供一定的参考。

视频号以人为本的用户思维

在互联网时代，“用户思维”在视频号运营中的重要性不言而喻。正如亚马逊（Amazon）的创办人杰夫·贝佐斯（Jeff Bezos）所言：“在现实世界，如果你惹顾客不高兴，每个顾客都会告诉6位朋友；在互联网世界，如果你惹顾客不高兴，每个顾客都会告诉6000个人。”

当短视频成为一门生意时，它就不再仅仅是简单的创作者自我表达的方式，或是普通人满足社交需求的工具了，也不是承担艺术和审美教育责任的载体，而是必须适应市场规则、经得起市场考验的产品了。

但大家真的理解用户思维吗？你知道如何践行用户思维吗？换句话说，你真的拥有用户思维吗？下面我们一起探讨下如何利用用户思维将视频号打造成“赚钱机器”，孵化你的个人品牌。

一、什么是视频号运营中的用户思维

用户思维第一人“阿杜”在金山工作过，这段经历给“阿杜”做视频号铺垫了一个比较好的底层思维、操作系统。从底层思维来说，用户思维就是一个工具标签。

用户思维是以用户为导向，而不是以产品为导向。做视频号也是，要知道用户最想要的是什么，最需要的是什么。要想“讨得用户的欢心”，就必须找到用户的真实需求，从用户的角度出发，在视频号运营中打造以用户为中心的运营体系。只有这样，才能真正满足用户的需要，使视频号突破用户增长的瓶颈，真正实现转型升级。

用户思维正是视频号创作者进行流量竞争和发展流量的主要驱动力。在视频号运营中，可以将用户思维简单理解为在创作、运营、变现等各个环节都要贯彻以用户为中心的原则，借助专业的数据系统，获取详细的用户数据，掌握用户的需求和痛点，建立完备的用户数据库。同时，通过研究用户数据，提供个性化内容或产品，以增强用户体验，进而获取可观的商业收入。此外，根据用户消费内容产生的行为数据分析、舆情反馈，对视频产出进行优化，最终形成一个良性循环的生态闭环。

二、如何利用用户思维让视频号用户形成持久的信任

首先，这个问题的关键词是“持久”，那么持久的前提是什么呢？其实就是高频地陪伴。用户的需求是多变的，只有高频地陪伴才能了解用户的需求。其次，从用户的需求价值来说，还需要有不断的反思精神，不断反思用户的需求有没有被满足，然后不断地满足他们新的需求。

有调查显示，一个品牌在人的大脑里强化7次，人们就会形成对这个

品牌的记忆，如果中断强化，用户就容易遗忘。视频号发布的视频，用户看完了，就会产生信任的积累。而如果视频号断更了，用户的信任感就会慢慢下降。

持续的信任靠的是什么呢？就是持续地打造个人品牌，高频率地持续输出视频，不能频繁地变换自己的方向，不要随意调整自己的垂直度。也就是说，持续地用作品去创造可持续的价值，这样价值就会累积得越来越多。视频号主不断地积累用户的信任，不断提高视频号的质量，用户的信任度便会随着时间的推移不断提升，这是每个优质大号必经的成长之路。

三、运营视频号如何精准地探知用户的需求

第一，要找到和自身风格类似的对标视频号，分析对标视频号的垂直领域，向对标视频号学习经验，确认一个相对的红海市场。用“阿杜”的用户思维观点来说，首先，应该静下心研究一下，看看这个红海市场是否是一个需求旺盛的市场；其次，看这个市场中是不是有未被满足的需求；最后，凭借你的专业或优势进入。

第二，找到自身的痛点以及不足，根据业内其他人的一些反馈和建议，通过实际的面对面调查的方式，研究数据，纠正自身的错误，并做出改进。

第三，抓住用户最本质的需求，聚焦更多的时间和精力放在用户的身上。给用户打标签，进行分类，针对不同的用户群体采取不同的沟通方式，投入的精力、时间和成本也要因人而异。

在未来，我们做视频号一定要学会运用用户思维，要有数据分析的意识，通过数据反馈来避免我们在视频号运营中“盲人摸象”的局面，让我们把视频号做得更好，同时离我们的变现之路和创业成功之路更近一些。

视频号赋能女性成长

近年来，女性意识逐渐觉醒，女性地位获得提高，女性力量给社会和经济带来了新的风向。

我和新商业女性大学的胡萍女士[①]是旧相识了，胡萍女士是一位充满大爱的女性，我们的吴聊社群发展到现在，得到了胡萍女士的提携、帮助和支持，下面借助新商业女性大学的案例，和大家来聊一聊用商业思维赋能女性成长这一话题，同时，谈一谈如何打造个人IP。

一、用商业思维赋能女性成长

（一）为何选择用商业思维赋能女性成长这一品牌定位

新商业女性大学成立于2018年8月，其是在一个中国女性成长、女

① 胡萍，新商业女性大学校长、新商业女性创业营创始人 / 首席导师、广东省深圳市人大代表、美丽华科技股份有限公司董事。
2018 年和伙伴一起创立了新商业女性大学，帮助了 300000+ 女性获得成长、提升能力，拥有数十万精准粉丝。

性消费升级大背景下从事教育、投资与孵化的品牌，也是中国第一家女性商学院。新商业女性大学以助力中国女性崛起，让每个女性经济独立、人格独立，拥有“丰盛”人生为使命，帮助女性解决情绪内耗问题，提升认知，构建商业思维和链接资源，致力于打造一个女性社群生态闭环。从和胡萍女士的访谈中我们得知，新商业女性大学是一个基于社群的分布式组织，这样一个基于女性教育的生态，秉持着独立、大爱、互助、包容、拥抱变化、快速迭代的价值观，不断地吸引着越来越多同频女性的关注和加入。

用商业思维赋能女性成长，这样的定位独具一格。新商业女性大学是以商学院的形式，开展各种类型的课程，例如，女性成长、创业、情商、亲密关系课程，这些创意点整合得非常巧妙。一般来说，女性群体是偏感性的，而商业思维是偏理性的，这样一结合，就形成了一个理性加感性，可谓“双脑合一”的状态。

（二）商业思维对于女性成长的重要性

从商业思维最底层的逻辑来说，社会上的资源总是稀缺的，谁能够将资源用得更好，资源就会聚集在谁的身边。

对于女性个人来说，每个女性都是自己社群的CEO、家庭的CEO，每个人都要经营自己的资产负债表，做到多资产、少负债，这样资产减负债，权益才能最大。在女性特别感性、特别注重关系、特别热情、特别能坚持这样的底层逻辑里，再融入理性的思考和选择，把家庭关系视为自己的资源，女性就能更好地在当今社会中发挥自身长处，拥有更加“丰盛”的人生。

（三）如何通过社群赋能女性成长

建立社群的前提是要找到一群有共同价值观的人，而不是简简单单地拉个聊天群。在某种程度上，社群是大家网上温暖的家园。有了共同的价值观，精神上能够产生共鸣，才能产生商业价值。社群最大的特点在于，社群中的每个人都是独特的，在社群中，不需要组织者，也不需要群主每天发布内容，每个社群成员都是内容的创造者。

社群搭建了一个多维的结构，用一种机制鼓励每个人，同时发掘出每个人的最优特长，把他们形成一个语音团队、虚拟团队，团队成员之间进行密切的沟通，进而源源不断地产生新的创意和商业机会。

二、个人 IP 如何打造

（一）打造个人品牌，如何起名字

打造个人品牌，如何起名字？必须从“人、货、场”这三个关键要素着手。

视频号的名字一定要体现核心人设，因为视频号的名字就是视频号主的个人品牌，所以“人、货、场”法则第一要素“人”，即人设，比如我的“吴聊传播”这个“吴”字，就是我的核心IP人设；“货”字就是卖什么产品，视频号的名字要能看得出来产品是什么；第三个要素“场”，与借势类似，简单点就是要借一个超级词汇。例如，我本人在给客户做咨询的时候，经常会用到“谐音梗”，虽然“谐音梗”这种方式使用次数过多也会被大家诟病，但如果巧妙地嵌入，会有一个很好的传播效果。

（二）如何在视频号上打造好个人品牌

视频号的核心就是品牌化，所谓品牌化，其实就是将我们一直在创作的内容体系化，形成我们特有的作品，同时坚持做下去。我们的自我品牌成熟了，传播力度就会加强。视频号就有这样一个诉求，再小的个体也有自己的品牌，是值得一做的。无论从事什么行业、出于什么样的想法来做视频号，都能通过视频号来打造自己的个人品牌。

想要在视频号上打造好个人品牌，首先就要做好直播，如果不重视直播这一板块，视频号可能会损失很多的流量。直播目前处于红利期，多直播能够让视频号主练就对外输出的能力。直播这件事也看个人天赋，有的人天生适合做直播，有的人则可能更适合做录播，但不可否认的是，都需要长期坚持运营。

视频号就相当于一个企业或个人的名片，直播能够帮助视频号主更有效地打造个人品牌，形成自己独一无二的名片。

演讲力——视频号的核心能力

视频号主运营一个视频号的主要目的，就是增加这个视频号以及视频号主自身的影响力。影响力的提升能快捷且有效地提升视频号的营销能力，为视频号主带来可观的收益。那么，一个视频号主经营一个视频号最需要具备的能力是什么呢？

一、演讲力的提升能帮助创业者开拓市场，吸引更多投资机会

演讲力就是一个视频号主最需要具备的能力。我们都知道提升演讲力有助于增强我们自身话语权。比如，我现在要宣传一个产品，这个产品之前非常老旧，或者说名不见经传，它可能很好，但是不为人知，那么对于这个产品的推广，较强的演讲力就是十分必要的。有较强的演讲力，一是能够通过视频号这个公众媒介，把这个产品更多地推广出去，让大家都知道，这对于销售产品或者说开发市场，寻找到更多的投资机会，都是大有好处的；二是能够很有力地说服原本对产品没有了解的粉丝或其他观看者，使其对产品产生一个非常正面的印象。

有人可能不明白为什么演讲力提升会吸引投资，其实这是显而易见的。假如你是一个资深投资人，这里有两个产品，它们的品质都一样好，但是其中一个只做产品，对于宣传类的工作一概不管，另一个不仅质量过关，在对外展示上也做得很好、很到位，两个产品往你的面前一放，你会选择投资哪一个？很明显，几乎每个人都会选择后者。这就是做好演讲、搞好公关的原因。

二、通过演讲，可以树立起专属于投资人的品牌公关形象

我们刚才讲到演讲能提升影响力，当你的影响力提升以后，你的个人产品、你对着镜头所打造的“人设”以及你的良好形象都会逐步树立起来，从而形成一个具有个人特色的、令人过目不忘的独家IP，也就是我们所要说的品牌公关形象，因此，可以说视频号的确改写了品牌公关历史，它正在创造一个全新的历史。

品牌公关的精髓是不断传递信息、传递内容，同时基于双向互动找准靶向人群，进而引发他们的情绪。视频号要做情绪驱动型传播，从而引发受众内心深处价值观上的共鸣，这是传播最核心的法则。

三、通过演讲力打造个人 IP，增强行业话语权

我们的演讲要达到一个目的，就是建立自己的影响力，通过视频号去宣传、去演讲，慢慢地建立影响力，逐渐在受众心中形成自己的口碑和形象，接下来个人IP才会不断地产生价值感，并广泛传播。这中间很重要的一点就是一定要持续更新视频号，持续地传递给别人价值，使别人能持续地从你这里获得营养。这样，后续就会吸引品牌合作，与品牌合作时视频号主也要做好选择，注重打造好个人IP。

架构视频号“微光”，汇聚短视频力量

2020年12月18日，视频号提词宝对外宣布，获得同程资本500万元的天使投资，这是视频号诞生以来首个对外宣布融资的创业项目。本人曾有幸邀请提词宝的创始人高振刚[①]来到吴聊问号直播间，与大家一起畅聊提词宝跌宕起伏的创业故事，以及视频号如何变现、未来如何发展。

一、提词宝的创业故事

提词宝上线八个半月时用户累积已高达200万人。据提词宝创始人高

① •易赚科技创始人，基于个人微信和企业微信系统运营超100万家企业微信群，管理3.2亿名微信好友。
•首家企业微信一站式私域平台，一年对接客户32000+。
•提词宝创始人，致力于链接1000万名视频创作者并成为一站式视频创作平台。
可以提供如下服务：企业微信私域核心圈层；企业微信破局的TMT（数字新媒体）模型；创始人IP打造+变现；私域和视频号黄金人脉。

振刚介绍，这款产品是在2020年4月研发的，当时还处于新冠肺炎疫情阶段。高振刚的太太是一位老师，疫情期间一直在录网课，她发现背台词非常困难，每次录制视频都需要花费大量的时间。高太太遇到的问题，很多视频号主也遇到过，当时视频号刚刚推出不久，大量的口播类博主刷屏朋友圈，经过调查发现，很多视频号主在制作视频时在背台词上要花费很多时间，于是他就想到，为什么不做一个工具，帮助大家提高录视频的效率呢？提词宝因此诞生。

提词宝从开发到推广，进展都非常快，巨大的刚需，加上采用了私域渠道的推广模式，使其上线三个月就拥有50万的下载量，截至2020年12月中旬，其已经覆盖200多万名用户。提词宝的用户所在的平台包括抖音、快手、B站和视频号，前期快手、抖音和B站的用户占很大比例，后来随着视频号的持续火爆，来自视频号的用户快速增加。

关于提词宝的商业模式，高振刚解析，提词宝是一款便捷易用的提词工具，前期以会员服务为主，博主下载之后，把自己的脚本上传至提词宝，在录视频的时候，脚本就会浮现在手机屏幕上，博主只需要对着镜头读出来即可，这大大减少了博主背台词的时间。不得不说，这的确是一个很好的入口，毕竟所有视频号主的核心痛点和刚需之一就是记台词。

二、视频号如何变现

自从视频号推出后，朋友们每天都在讨论：视频号有没有前景？想下手但没思路，怎么办？其实，任何不能变现的运营都是资源浪费，从商业价值来看，视频号最大的优势是拥有日活跃十几亿名的微信用

户，并且能够全方位打通微信生态圈流量矩阵，这是其他平台所不具备的。

在讲视频号变现之前，我们先来看看哪些人适合在视频号上做引流。第一类，已有公众号的自媒体人，可以快速地导流变现；第二类，微电商从业者，可以直接带货；第三类，教育培训从业者，可以做知识付费项目；第四类，有才华的创意人，可以展示原创、新颖的作品；第五类，有颜值的美女帅哥。

以下有几种变现方式供朋友们参考：

✔ 第1种变现方式：引流涨粉

视频号的内容中可以放上微信公众号链接，用户关注公众号即可弹出引导文字，让用户关注博主的小红书、B站、微博等平台账号，达到全平台引流的效果。

✔ 第2种变现方式：订阅号付费阅读

视频号在发布作品时是可以链接公众号文章的，这对于公众号自媒体创业者来说是一个机会。

✔ 第3种变现方式：微商或淘宝卖家带货

视频号可以添加“橱窗”，视频号主可以在“橱窗”中添加商品。视频号的“橱窗”已经渐渐成为带货的亮点，其他小程序上的淘宝卖家也可以接入。

第4种变现方式：接广告

当你的视频号粉丝量或者播放量达到了一定规模，自然有广告主找你投放广告，如在你发布视频时添加广告主的公众号文章链接，帮助广告主引流。

第5种变现方式：微信圈子

微信圈子在微信搜索体系里权重很高，仅次于公众号和小程序，微信圈子可以聚集同频的创业者，推广优质内容，为圈友提供价值，建立信任，形成圈脉效应。

第6种变现方式：好物推荐

用视频号展示产品的新、奇、特，导入微信公众号购买链接，或者在公众平台服务号链接一个商城小程序或者产品引流页面，这是目前行得通的方法。

第7种变现方式：微信直播

以前微信直播有两种方式，看点直播和小程序直播，现在视频号已经打通直播通道，视频号+直播是带货变现的最佳方式。

第8种变现方式：代运营及培训

任何短视频平台都有代运营和培训的团队，随着视频号的发展，也会有更多这样的团队和培训机构加入，前期肯定是以前做过抖音、快手等培训的团队机构和第一批参与内测的大咖加入这个培训行业，进而吸引很多学员参加课程。

第9种变现方式：个人品牌影响力

公司创始人或者个体都可以通过视频号打造个人品牌，个人品牌本身就是资源，打造好个人品牌的好处是可以为日后变现打好基础。比如开直播，如果拥有大批量的粉丝，就可以获得赞赏或者销售自己的产品，还可以举办线下的活动，以用户需求为核心，实现盈利变现。总之，投资自己是稳赚不赔的事情。

三、视频号未来的发展

视频号作为一个“防守性”的产品，使知识视频化和商业视频化，在整个新经济视频化的过程中，视频号大概率会成为一个新的创新载体，原来的知识付费，也会诞生出新的方法论经济。同时，在流量越来越“贵”的今天，视频号正成为微信生态公域流量的入口，通过这个入口，可以大面积地布局私域流量，确保私域流量“水源”不断。

要想预测视频号未来的走向，除可对标当年公众号的发展路径外，还要看整个大环境，以及资本的走势。当一个快速成长的领域，资本开始涌动的时候，风口的基本雏形就酝酿完成。在这样的一个大背景下，视频对于用户时间和注意力的挤占，趋势非常明显，视频将替代图文媒体成为主要的媒介载体。在用户时间和注意力转移的过程中，有机会在视频赛道上形成影响力的，App也好，平台也好，都会产生自己的价值。随着更大规模创作者的加入，以及线上线下“热浪”的扩散，视频号与私域流量的结合将催生巨大的创业风口。

如何打造一个视频号赋能平台

——以吴聊社群为例

我姓吴，叫吴卫华，网名小吴哥，我从事了二十多年的品牌公关工作，其实品牌公关工作有一个核心词，叫communication，就是沟通，有效的沟通。.

谈起沟通，人们大脑里最先联想到的就是品牌沟通、媒体沟通、人际沟通等，可以说所有事物间的连接都离不开“沟通”二字。在当代，要想打破一切障碍，实现人与人之间最有效的沟通，最重要的一个媒介就是互联网。互联网营造出适合人类沟通的最好的环境，给予身在不同地区、不同国家的我们一个良好的交流平台。因此，依托互联网产生的视频号，自然就成了人类沟通交流的一个重要方式。

如果你是一个职场人，想快速地完成职场进阶；如果你已为人父母，想要了解与孩子沟通的正确的方式方法；如果你是一个品牌公关人，希望了解更多有关品牌公关的知识；如果你是品牌主，希望寻找一家靠谱的品

牌咨询公司从而获得优质高效的服务……无论你处于人生的哪一个阶段，只要你想要冲破现在的困境，获得提升，吴聊社群都会用靠谱的服务团队为你指导、服务，吴聊问号就是你的资深公关顾问。

一、“高手过招”，互换沟通经验

因为勤恳和努力，从2020年6月开通视频号以来，吴聊社群至今已经积累了约2万名优质的粉丝，也得到了包括萧大业、龙东平、胡萍校长等众多视频号大咖的实名推荐。吴聊传播也从当初的视频号发展到逐步建立吴聊社群、吴聊咨询、吴聊问号和吴聊定制等精品栏目，“吴聊生态”一步一步形成和完善。

看到这里，作为读者的你可能会忍不住提问，小吴哥一下子开通这么多栏目，是如何兼顾这些的呢？下面以吴聊问号这个栏目为例进行说明：大家可以看到，它的主要形式就是几个老朋友坐在一起聚聚会、聊聊天，大家共同探讨一下互联网的发展、相关书籍阅读的收获、视频号的精神、投资者的价值、视频号的运作方案，以及未来视频号引流变现等一系列开放式的问题。这个栏目始终都保持着一条主线，就是开放式讨论的模式。就像武侠小说中的华山论剑一样，高手过招，通过你来我往的交流讨论，呈现给读者一场又一场精彩绝伦的“武艺表演”。当然，我们的直播除了邀请嘉宾，还会时不时地连麦在线的粉丝，给大家创造不一样的惊喜，为粉丝答疑解惑，也在连麦粉丝的过程中抓取栏目仍然可以提高的点，这样有利于后期栏目的完善和提升。我们期待大家对视频号的关注，更期待与大家的思维碰撞！

二、建立社群，多方互助，资源共享

吴聊社群建群于2020年8月18日，经过发展，社群得到了多名群友的大力支持，同时成为视频号领域第一阵营的精品社群。

加入这个专业而又温暖人心的家庭，是需要通过严格筛选的，原因有二：一是为了保证入群群友的“质量”，维护“家庭”的氛围；二是专业且高质量的群友们可以互相督促，这样能激励我们把事情做得更好，从而尽快地实现视频号变现。

这个温暖的社群家庭中，有很多现实生活中商学院的精英朋友，也有视频号运营界的大咖，还有热心的群友，大家缘起于视频号，但交流绝不止于视频号。有一部分好友已经通过与社群中优秀的伙伴交流学习，实现了资源的链接和项目变现，当然，除了线上的交流，社群还会不定期组织线下聚会，让群友面对面地交流和实际接触，使大家更顺畅地互助、学习。相信吴聊社群这个温暖的大家庭未来一定会成为视频号梦想孵化器。

如何从公众号成功切入视频号赛道

——以“十点读书”为例

2012年，林少创办了“十点读书”微信公众号，不到两个月，用户过万。2014年年初，“十点读书”用户已突破10万。从1万到10万，“十点读书”用了不到两年的时间；从10万到100万，这个时间被缩短为1年；仅在2016年，“十点读书”的用户就从300万涨到1300万。这是“十点读书”做出的成绩。在目前公众号多如牛毛而打开率不到5%的环境下，能将自己的体量扩大到千万粉丝的级别，与其运营策略是分不开的。而到了2020年，视频号的出现，使“十点读书”公众号转向了新的赛道。

我有幸邀请到“十点读书”微信公众号创始人林少做客我的直播间，借着“十点读书”这一现象级大号的案例，和大家聊一聊如何从公众号成功切入视频号赛道，希望能为大家提供一些有意义的借鉴。

一、视频号为何能成为下一个风口

视频号不仅仅是下一个风口，更是一条普通人也可以逆袭的赛道，原因有三：

第一，微信里有庞大的用户基础。从前大家在网易等平台看新闻，在京东等平台买东西，在QQ等平台玩游戏，现在这些都可以在微信完成。微信里有12亿名用户，用户每天打开微信视频号看短视频、直播是最便利的。

第二，社交推荐。视频号最大的优势，就是结合了朋友推荐逻辑，通过视频号你可以知道朋友在看什么、需要什么，点赞功能也能带来裂变般的传播效应，这代表了一种社交关系。

第三，人人都可以成为创作者。其他短视频平台，基本都是专业玩家的天下，而在视频号，每个人都可以随手拍、随手发，它和用户的朋友圈、日常生活绑定在一起，每个人的微信好友都可以给视频号中的作品点赞，人人都可以成为创作者，都能享受到创作带来的乐趣。

二、视频号与公众号的优劣势

按张小龙（腾讯副总裁、微信创始人）的说法，视频号这个产品是一款短内容产品，用来弥补公众号文字表现力的不足，它对视频内容特别友好，从名字本身就可以看出它是偏向视频的，所以叫“视频号”。但是，在移动互联网时代碎片化内容消费方面，公众号和视频号都不是万能的，它们都有着非常明显的优势和劣势。

公众号与视频号的优劣势比较

特征产品	公众号		视频号	
	优势	劣势	优势	劣势
内容形态	图文阅读	流量走低	视频播放	深度不够
创作者群体	擅长写作	规模有限	人人参与	参差不齐
推荐方式	社交裂变	涨粉变难	社交+算法	尚不清晰
变现方式	付费+打赏+流量分成	大号容易，小号困难	导流	在视频号内变现有难度

通过分析我们发现，公众号与视频号各自都有自己的优劣势。公众号与视频号之间也不是竞争关系，而是非常完美的互补关系，只有视频号与公众号完美配合，才会达到极大的效果。

- 公众号侧重于图文、深度文章和30分钟时长以内的中视频，越来越聚焦于有趣和有用的内容；视频号则侧重于时长1分钟以内的短视频内容。

- 视频号能够在较短的时间内，用相对集中、凝练的内容打动用户，并成功向公众号引流；公众号则能够以图、文、漫画、视频等更加多元的内容形态，为那些需要深度阅读的用户提供更好的内容消费体验。

- 在现阶段，以短视频内容向用户收费的时机还不够成熟，但通过公众号实现知识付费的模式是可以形成闭环的，这给微信生态圈内的创作者提供了全新的变现机会。

- 公众号成就了一批图文创作者，视频号会像抖音或快手等短视频平台一样成就一批短视频创作者吗？在一定程度上会，但这绝对不是全部。视频号最有可能成就一批既能写图文又能做长视频、中视频、短视频的新群体。

三、如何从公众号成功切入视频号赛道

（一）了解视频号推荐机制

从大环境的趋势来看，一方面，5G的流行将让短视频与直播成为未来最常态的信息交流方式，这是大家的共识。另一方面，在短视频直播环境的熏陶下，越来越多的人习惯看短视频直播。短视频直播相对来说门槛更低。未来，除去日常的交流对话，短视频直播将会成为最常态的信息交流方式。微信视频号前景会更加广阔。

视频号的推荐机制是社交推荐，这与其他平台并不相同。目前来说，用户打开视频号可以看到三个推荐模块：最左边的是“关注”，它延续了之前公众号的订阅机制；最右边的是“推荐”，它延续了目前很多平台使用的算法“推荐”；中间这个模块比较特殊，它叫“朋友”，也就是说，目前视频号最主要的推荐机制是朋友推荐：好的内容，通过朋友点赞、评论、分享，推荐给其他人。

这种朋友推荐机制其实也会收到很好的数据效果，我们可以借此了解到自己的朋友在看什么视频、看什么直播。目前这种社交推荐机制，意味着更多普通的创业者可以在视频号获得不错的推荐和不错的曝光、流量。

如今，我们可以发现有很多视频号的创作者，也许他们之前并没有做过短视频、直播，但他们在视频号这个平台成长了起来。在视频号里，只要创作者有好的内容，哪怕是刚刚起步，其发布的内容都有可能成为爆款。

（二）学习大号的转型经验

以“十点读书”这个公众号为例，目前他们在视频号上准备做三件事情：第一件事情是建立“十点读书”的视频号矩阵，包括内部的矩阵、外部的矩阵；第二件事情是大力做视频号的直播；第三件事情是构建视频的供应链。

那么，如何做视频号矩阵呢？首先就是在明确账号定位的前提下，各个账号坚持更新，坚持积累优质爆款内容。视频内容具有长尾效应，只要持续保证优质内容的产出，在未来一定会有收获。坚持稳定的更新，输出优质的内容，然后在保证稳定更新的基础上时不时打造一些爆款内容。爆款内容一出来很容易就会让公众号和视频号出圈，被人们刷到，进而获得更多的播放量与关注人数。

另外，大家还可以关注一下视频号直播，直播是视频号很重要的一个内容板块。对于短视频来讲，直播的互动性更强，也更容易获得即时反馈。对用户来讲，直播是一个全新的、交流更强、互动更强的形式，在这个场景里，用户其实更容易被博主打动。不论博主在直播间里是做分享还是带货引流，直播的整个势能总比短视频强很多。比如说“十点读书”，其已经产生了几百万的播放量，我们可以从中看到视频号巨大的红利。

和所有平台相比，视频号是最方便的，它可以把我们的短视频流量、直播流量导流到整个私域，未来再用私域反哺我们的视频号，反哺我们的直播。在这样的生态下，我们可以在视频号里做好的内容，做爆款内容，然后获得更多的播放量、曝光量，获得更多用户关注，再将这些用户沉淀到视频号，沉淀到私域流量。这就相当于在微信生态圈里通过视频号打通了更多如公众号、朋友圈、微信群的功能。

他山之石可以攻玉。了解大号们的成功史，绝对可以丰富我们的知识，开启我们的眼界；总结大号们的经验，分门别类并配上使用范围，一定可以给我们不少实用的启发……希望以上内容能给其他由公众号转向视频号赛道的朋友们一些启发与帮助。

信任经济风口下的个体IP创业

——探讨视频号赋予的创业价值

究竟如何才能运营好一个视频号呢？如何才能将社群运营好？下面跟大家聊一聊人生、财富和视频号……

一、把握人生关键机遇点

我们一直在探讨这个话题，需要不断强调的一点是，人们无论做什么事，都一定要想办法取得对方的信任，尤其是掌握着我们所需要的资源的人的信任。

在与视频号主李婷婷[①]的访谈中，李婷婷与我们分享过她的故事。李婷

① 视频号“加拿大墨枫美术”作者，加拿大墨枫美术学院创始人，北美国际少儿艺术节执行会主席，中科院《艺术与科技》对话栏目嘉宾，专注少儿及成人艺术创新教育。2003年创办互动视觉（北京）广告设计有限公司，为众多世界500强企业提供全方位形象创意设计服务。

婷是美术专业的毕业生，毕业之后其赤手空拳地从新疆跑到北京，起初毫无资源，但她坚定地选择了在北京打拼下去，还决心学习新的知识和技能，以拓展将来自己的选择面。她先是学习使用photoshop，学会了平面设计，后来又自学了网站设计，包括Flash动画、视频剪辑等。李婷婷不停地多方尝试，从开始的平面设计公司、多媒体公司，再到后来的互联网公司，她从不甘于现状，也不把眼光“囚禁”在美术这一个方向。她不会的就去学，不专业的就去精进，毕竟只有自身的才能足够强、经验足够丰富，才能拥有选择的权利，也就是我们常说的话语权，而不是一直被社会选择、被社会淘汰。等到她自身足够优秀、经历又相当丰富后，她又做出了一个重大的决定，就是回到了老本行——画画，她开始凭借自己的专业去创业，她先是在加拿大创办了一个墨枫美术学院，后来她又成立了一个北美国际少儿艺术交流平台基金会，致力于为北美和中国艺术文化交流提供服务。这也为她后来运营视频号提供了非常丰富、具有吸引力的素材资源。

人的一生，其实说起来关键的因素也就那么几个：一个是出身，即我们出生在什么样的环境里，长辈是怎样的脾气性格，给我们带来的是什么样的影响，我们从小又能接受什么样的教育；其他三个因素是我们长大后逐渐靠着自己的主观能动性和努力去做选择、决定的时候出现的，即选择什么大学、大学学习什么专业以及婚姻、就业。人的这一生，可能有的人会遇到一些特别的机遇，但是大多数人，一定会被这四个节点影响一生的走向，因此一定要把握人生关键机遇点。

二、创业，梦想为导航，坚韧为路径

创业者需要什么样的品质？50岁以后创业算不算晚？

对于第一个问题，人总是处于一个不断碰壁的过程，需要不断地去跟外界“交锋”。只有经过对比或者自己受挫，人们才能够发现真正的自己是一个什么样的情况或水平，才会从中发现自己的不足，进而修炼自己，自身能力才能变得更强一些。所以说创业者最需要的品质，就是坚持不断地去修炼自己。

比如我们前面提到的李婷婷，她在创办了墨枫美术学院之后，又在机缘巧合之下接触了视频号，她凭借敏锐的嗅觉，迎着热度及时为许多大咖绘制画像，利用自己的专长呈现出自己的特色，获得了不少人的转发和支持，在视频号上积攒了不少人气和粉丝。这让李婷婷立马意识到视频号就是当前经济中的一抹亮色，鲜活、热闹，又很有朝气。紧接着她再接再厉，继续创作，将更多带有她自己风格的画作带到大家眼前，同时宣传属于她自己的个人品牌，很快就实现了视频号的变现。视频号运营，可以算是李婷婷在墨枫美术学院之后的一次再创业。

关于第二个问题，我觉得只要开始创业其实永远都不晚，创业本身就是一个自己的能量自然释放的过程，很多有能力或者有梦想的人，能量积累到一定程度他就愿意去为社会和自己创造一些价值。而且，其实高龄创业的人有很多，比如说柳传志、任正非、褚时健等。

所以说，创业实际上是一种生活状态，是一种向社会证明自己的生活方式。创业不分年龄，只要你有梦想、你有想法，就可以去创业。

三、用心运营视频号

关于视频号怎么运营，微信很显然就是现成的运营媒介，并且微信也有一个很核心的工具，就是人。微信是中国流量最大的App之一，可以这么说，基本上每个年龄层的中国人都在用微信。微信在增加了支付功能之后，紧接着搭建了很多基础设施。所以要从一个生态的角度去看待视频号，运营视频号时，要利用微信强大的社群和社交功能以及真实的人际交流功能，在自身学习的同时，借鉴和参考他人有益的做法。

视频号不是必须坚持一个风格，偶尔穿插一些新鲜有趣的视频内容或者直播风格，对于保持粉丝们对视频号的兴趣有利。

运营微信视频号到底需要做些什么呢？总结起来就是以下五点。

（一）打造一个IP

视频号要有自己的特色，需要打造个人IP。

例如，李婷婷用艺术打造自己的IP，算是视频号中一个全新的玩法，这也让她的IP呈现出一种独特的气质。快速地、精湛地用妙笔画出一个惟妙惟肖的图像，用书法的方式写出视频号的名称，再加上优质的视频号内容，配上优美动听的音乐，这就是专属于李婷婷的IP，其他人难以效仿。除此之外，李婷婷的视频号里还有一些北美国际少儿艺术交流平台基金会举办国际性艺术交流活动的视频，以及一些线上的有关中国或者西方节日的主题性创作展等多种形式的内容。

（二）打造一个超级社群

目前的吴聊社群是视频号社群里口碑还不错的一个社群，这个社群是有使命、愿景、价值观的一个组织。我们的使命就是链接创造价值，我们的愿景是视频号梦想孵化器，我们的价值观是温暖赋能。

为什么一定要在运营视频号的同时去打造一个社群呢？因为术业有专攻，社群存在的主要意义，第一点就是让社群中的成员互帮互助互学，迅速地发现自身的问题并找到答案，有一个比较好的结果。第二点就是创造彼此间的链接，建立信任，打通视频号与社群之间的联系，让社群的活跃氛围和视频号的品质融合在一起，为我们带来更多的价值。

那么，如何才能建立好一个超级社群呢？首先，社群创办人必须扮演好群服务员的角色，群主就是给大家提供服务的。

拉近社群成员之间距离的方式有许多种，其中比较有效的方式就是经常举办线上线下的活动。这样有助于拉近人与人内心之间的距离，距离近了，才能建立信任，建立信任以后，流量就容易增长。

（三）经营好咨询服务

可以给群友提供关于视频号如何运营的咨询服务，例如，如何给视频号起名字、定位并且建立一个好的传播口号，还有帮助群友设计大概的内容规划体系等。

（四）同步整合课程

将一些社会上比较好的课程体系整合到我们的吴聊社群里面。这样一是能够和群友共同学习，提高自身的水平，丰富我们的内涵；二是可以增强我们和粉丝与群友之间的联系，增加共同话题；三是最重要的一点，即这对于提升社群形象和价值有很大的益处，同时这也有助于后期变现。

（五）精心打造特色文创产品

精心打造一系列有温度的、有故事的、有质感的产品，并将之放到我们自己的视频号里面。当然，这不限于产品，也可以是一种服务。

这五点协同发展，必然会将视频号的发展提升到更高的层次！

玩转视频号的底层逻辑

在视频号中，一条播放量超过2.1亿次的视频有多大影响力？不谈重复播放数的话，2.1亿次播放量相当于全中国每7个人当中就有1个人看过这条视频，这是视频号头部大咖萧大业[①]的切身感受。2020年7月25日，萧大业在视频号发布了一条主题为“我的父亲和母亲相濡以沫”的视频，截至本书写作时，单条视频播放量已超过2.1亿次，点赞量达750万次，被转发超过125万次。直到今天，每天仍有很多观众被视频中父母多年相伴的日常感动，对于父母恩情的愧疚、不舍，对理想中舒适生活的向往，吸引了大批观众涌入评论区留言。

萧大业收到了很多合作方递出的“橄榄枝”与各种商业邀约，也让更多人了解了这个一直戴着墨镜和帽子、有趣又有才的退休“萧大爷”。下面请“萧大爷”与我们一起分享玩转视频号的底层逻辑。

① 企业管理专家、创业导师、天使投资人、知名培训师，视频号平台原生知名博主，获2020中国首届视频号年度峰会金视榜最具人气奖、2021视频号意见领袖大会腾云奖。

一、“一条视频播放2.1亿次”背后的故事

在视频号主中，有这样一位大爷，他年近60岁，是一个很特殊的存在，他的个人头像是他身着简单的运动装，戴着墨镜的一张图片，背景是蓝蓝的天空，看起来他就像是走遍了五湖四海的背包客，他身上没有典型的成功者标签，手里没有这个年龄的人爱把玩的核桃，他也没有这个年龄阶段的人爱吹牛的油腻感……有意思的是，几乎每个年龄段的人，都跟他有点儿共同语言。中国人传统价值观里最高形式的理想——安置家庭，老有所养，子女成才，儿孙齐整，都展现在他的视频号作品里。萧大业身上还有种哥们儿气息，没有距离感，微信用户，各个层面的男女老少，都爱加他，找他聊天唠嗑……

如果没有2020年的那场疫情，如果不是那次讲课后快意和朋友聚餐，被太太赶到楼上隔离，萧大业这辈子可能和微信视频号，甚至后来的一切没有任何关系。

2020年3月末，萧大业从外地讲课归来，被妻子要求自我隔离14天，一个房间和一个小阳台成了他唯一的活动空间。无聊之际，他发现视频号已经开通，出于好奇他刷了整整一周。从2020年8月开始，本已经处于退休状态的萧大业，大概有半年的时间，生活被“手机”填充得“密不透风”。每天早上5点起来，他就打开手机，处理不断涌入的微信留言、超量的好友申请，然后下楼跑步，为自己“充满”能量。早餐过后，忙碌的一天正式开始，他要处理前一天遗留的合作洽谈工作和各种细节问题，然后他会把一天里看到的、想到的以及自己的生活感悟以文字或图片形式分享到朋友圈。

在朋友圈很活跃的萧大业，一开始以为视频号就是扩大版的朋友圈，所以随手发了条走姿潇洒的视频，但没什么人点赞，他又尝试发过旅行视频，也没什么热度。后来他想明白了，视频号和朋友圈不同，朋友圈都是熟人，视频号有很多陌生人，陌生人不认识你，为什么要给与自己没关系的内容点赞呢？萧大业开始研究其他人的视频，发现出镜口播内容热度不错，而演讲也是他所擅长的，于是他一下儿来了兴致：自己满肚子的职业经验和管理知识、个人经历、教育认知等，想说的实在太多了。他一口气列了100多个标题，从这100多个标题出发开始做视频号。他梳理了几条线：运营管理、领导力、教育、商业案例等。还有那时热议的新概念，比如内卷，一些反常识内容，能对别人形成认知冲击的社会共同话题。随意拟一拟，在镜头前，他以口播的形式说出来。

凭借多年的演讲和职业经验，从4月11日第一条视频开始，萧大业仅用两个月的时间就积累了7万名粉丝，还有了自己的粉丝群体“尖刀团”。萧大业的视频号，几乎每天都在输出，分享着自己的经历和经验，不时还会录制几首歌曲，粉丝中流传着“爱大叔不如爱大业”的口号。而对于萧大业来说，每条视频都是自己观点的一种传递，“我走过的路、爬过的山、跨过的海、结识的每一个人、去过的每一个地方，都被浓缩在这1分钟里”。他说，“我觉得人生要多彩，我现在接触的人，他们每个人都有自己的思想，有自己的人生轨迹，我也都有兴趣去听一听，了解一下。虽然忙碌，但总的来说对这些还是有兴趣”。

2021年4月，萧大业除了视频号外，还开通了三期21天沟通力训练营，成立了“萧大业和他的朋友们”知识星球，在直播领域初步试水为新国货品牌带货，此外，他还做起了直播连麦访谈。

二、为什么“相濡以沫”这条视频热度这么高

有的视频之所以能爆，是有规律可循的，一个好的作品是需要有情感的流动的。最优秀的作品永远能勾起人的情绪，这是内容创作的底层逻辑。内容的核心就是人，作品展示了你是什么样的一个人。爆款作品要带有情感，让人感觉到你的作品里有情感在流动。商业的本质就是通过情感的驱动建立传递和连接。

“相濡以沫”这条爆款视频，其实就是用平静的语气在和观众诉说父母的日常生活，之所以可以触达这么多人内心，有以下几点原因：

- 真实。

- 平静的叙述中有强烈的情感驱动，视频中的画面都是两个人在一起，文案中连续用了8次“一起”，这些文字和画面的结合给了受众强烈地“在一起”的感觉。而“在一起”这样一种看似普通的行为，却是当今社会人们最缺失的东西。

- 内容来源于生活，在“相濡以沫”的创作过程中，萧大业选了之前随手拍的照片，每一幅都有一种温暖的感觉，照片时间跨度达十几年，记录了父母的日常生活状态。

- 它激起了很多人的情感，有人羡慕的是爱情，有人看到的是孝顺，更激发了人们对未来的向往和追求，让每个观看的人都产生对爱的希望，有着极大的社会意义和价值。

三、视频号内容如何规划

用萧大业的话说，谈企业管理，要有一线的理论和方法，而他做过高层，经营过企业，拥有着丰富的管理和创业经验。

萧大业根据职业经验和自己擅长的方向理了几条线，包括运营管理、教育、商业案例，还有时下正在热议的新概念，比如内卷，以及一些反常识的、能对别人形成认知冲击的内容，比如，很多企业通过裁人来削减成本，而萧大业认为在管理上高水平的人是通过提高效率来控制成本的。萧大业说，自己趋向于在底层逻辑上提供方法。

内容的产生需要交流和圈子，这也是灵感最主要的来源。在萧大业的朋友圈中能看到很多有价值的观点和内容，萧大业很喜欢交流，身边的朋友经常会给他带来新的灵感，这使其能够一直处于思考状态。如果一个人只是闭门造车，那他的灵感一定会“干枯”的。

自媒体的作用是获得更大的影响力，从而把自己推广出去，把自己打造成一个IP，聚集更优质的资源。

每天日更，在内容输出上一定会有压力，之后也可能会遭遇瓶颈期，无法保证每一期都很出彩，因此视频号创作者需要有平常心去接受不够出色的内容。

做视频号之后，萧大业发现创作是一件很有意思的事情，最理想的是一直做下去，打破圈层，创造新的话题，但这有难度；如果做不到的话，那就应尽可能地去维持现有的粉丝。

向萧大业老师学习，我们有最深刻的两点感受：第一，一条视频只有打动自己，才能打动别人；第二，视频号要埋几条线去做内容，如事业线、情感线、生活线、兴趣线等，这样才是一个全方位、完整的IP。

四、视频号在涨粉上有哪些运营策略

在运营上，做视频号一定要“脸皮厚”，虽然运营的前提是视频号的内容足够好，但内容做好只是完成了50%，另外50%是推广，我们可以在朋友圈、社群告诉更多人你做了这些视频内容。视频号的第一批用户大多来自朋友圈和微信群，但涨粉最快的方式还是打造优质的爆款内容。

除了要精细打磨内容之外，还要积极与粉丝互动，尤其是在视频号创作早期，只要有时间，号主应尽量回复每一条评论和留言，这样的互动能够帮助号主积累人气。

五、做视频号的方法论

（一）定位精准

视频号的定位大概分两种，一种是以人为主，打造个人IP，这种号将来的价值会很高，因为个人IP打造难度很高，“物以稀为贵”。

另外一种是短视频内容垂直输出。这种号定位清晰准确，所有的内容都围绕着“赛道”做，这样将来变现的路径短，粉丝也精准。做这种号要

擅长细分行业，并要做好长期打算，因为内容输出一定是一个长期过程。以内容为主的号有些粉丝并不多，但变现能力非常强。

（二）要有复盘思维

想把视频号做好，就需要不断去复盘。现在的视频号已经有了视频号助手，大部分的数据都有了详细的统计，这很重要。

视频播出以后，视频号主可以看到五个数据：浏览、点赞、转发、评论和收藏。

流量不大说明什么问题？说明选题可能太小众了，不是大多数人所关心的，曲高自然和寡，这就要在选题上多下功夫。

关于点赞，按照视频号的社交属性来看，点赞还是一种变相的转发，非常重要。点赞少说明内容不能够打动别人，要继续在文案、剪辑、表达等方面下功夫。

转发可以让你的视频被更多人看到，非常重要，通常人们转发的原因有两个，一个是想分享给别人，让别人看到，这里的“别人”可能是大众，也可能是特定的人或是特定的人群；另一个就是自己也想表达这样的观点，这种观点对他这样身份的人更有利。如果转发少，那可能是视频号内容在立场方面不是很鲜明。

评论区是大家交流的平台，评论少说明内容力度可能不够，并不能触动大家的情绪，也没有吐槽点，过于平淡。

收藏一般是因为用户认为内容很好或者以后会用到，收藏量大的作品通常其他数据也不会太差。

总之，数据分析做得好，对视频号运营会有很大的帮助。

（三）向高手学习

加入一些社群，链接更多的人脉，开拓交流的途径。在任何领域，都应保持时刻向高手学习这样一种谦虚心态。积极和大家交流，积极参加各种活动，真诚地向高手请教，让对方明显感到你的真诚，通过学习他人总结的“精华”，自我提升速度会快很多。有时候自己花很多时间想不明白的问题，高手一语就能点破。

（四）内容为王，运营为辅

内容为王，虽然运营也很重要，但没有好的内容，怎么运营效果都是有限的，“天花板”效应很明显。只有打开思想，真正沉下心来花时间深度研究和交流，才能做出真正的好内容。

如果没有专业团队，那就只能靠自己努力了。就算是同样一个领域的话题，也要努力做到与众不同，比如可以讲一些这个领域对大众来说新鲜的概念，讲一些和人们的认知相反却又明显会让大家觉得有道理的东西，还可以讲一些有趣的东西，比如，针对同一事件从一些不同的角度出发谈认知。

视频号主切忌把视频号当成一个授课的课堂，像讲课一样去讲短视频，短视频的特点就是碎片化，并不需要非常系统性地输出，那些枯燥、系统的内容，通常数据都很差。

（五）涨粉靠爆款

这是一条颠扑不破的真理。你所有的普通视频加起来吸引到的关注，往往都不如一条爆款视频带来的关注多，因此，打造爆款是视频号主应努力做的事情。

（六）抓住做好视频号的机会

机会到底在哪里？视频号给人们带来了更多的商业机会，但并不是每个人都能做“大号主”，普通视频号主更要努力抓住各种各样的机会。随着供应链的整合，线上和线下可以融合起来，这中间潜藏着无数机遇。

悦人篇

许多视频号主在将视频号做出热度、获得相当流量之后就没了方向。其实，视频号只是运营的一个起点，而不是终点。建立社群、私域，用心地经营、维护，并充分地利用社群、私域的力量，以获得流量的变现，寻求能够展示自身魅力与价值的机遇，才是视频号最主要的运营目的。

视频号的直播魅力

——打造消费新模式，引领消费新观念

谈到视频号的直播魅力，莫过于当前很火热的视频直播带货。作为线上最直接、最方便的变现操作形式，我们就一起来探讨一下如何做好直播带货，让视频号的直播魅力更大。

一、引导消费者形成新的消费观点，积极带动消费

我们现在生活的时代，人们的消费观念发生了翻天覆地的变化，从原来的到线下有形实体店买，到在线上的直播间买。这催生了一批人做直播带货，比如李佳琦，他就是通过直播带货，省去中间商环节，凭高超的公关能力和良好的个人形象，带走大量货源的。这就是直播带给人们最直接的影响，也是对于投资者来说最大的魅力——通过视频号，可以简洁、高效、有力地促成一个新兴的商业模式，引导消费者足不出户就可以买到自己心仪的产品。

当然，作为实体经济大国，我们不能忘记实体经济带来的好处和实体经济的重要性。

二、正视消费圈层的作用，让圈层更好地为视频号服务

“圈层”，顾名思义，就是圈子，徐勇老师在直播间说，“圈层有可能是放大器，通过一个圈子把我们的能量放大”。所以选对圈层，在圈层里获得最大收益，就显得至关重要。

如何选对圈层？其实首先要看消费者的经济能力，其次要看消费者的需要程度，最后要看消费者的意愿。消费者的经济能力决定了他们会不会出手购买，需要程度则影响其何时购买，消费意愿代表其购买意愿。如果投资者自营或者代理女性用的化妆品等，他就要综合考虑该品牌究竟在一个什么消费区间，谁会接受这个区间，比如普通品牌，那消费主力军就是经济基础不太雄厚的普通人，因为对方需要的就是实用、便宜；如果是兰蔻、迪奥这些国际化大品牌，就可以将消费群体定位为有一定经济基础的人，从而有针对性地去营销。

找准了消费群体，再看其是否有消费意愿，投资者要用最短的时间满足消费者的需要。

怎么才能在圈层里获得最大收益？这就要综合考虑自己的经营模式了，如果你是做日常百货的，而且有自己的网店，那就可以跟店里同步搞些活动，形成一种促销方式，让人觉得你的产品便宜，想买；如果你是做高端商品的，那你就可以提出我这个商品有什么样的特点，既然是高端消费，

那么消费者购买行为的做出就不仅仅是为了拥有商品，而更多的是一种情怀，你要让他有这种精神上的满足，这样才更容易达到出售的目的。

三、形成投资者独创的商业模式，形成完整的商业链条

很多人会花时间去研究如何更快地卖出商品，却忽视了建立完整的商业链，从货源采购到直播销售再到邮寄货物，这是最简单也是最基本的一个链条，这样的链条是否顺畅，直接决定着营销品质的好与坏。

所以投资者要打造自己独特的商业模式，建立完整的商业链条，在每个关口严格把关。当然，销售形式多种多样，有的销售是为了拉人气攒业绩，每天微信群里、QQ群里雇助理发红包炒热度，这样做虽然在一定阶段可以起到吸引客源的作用，但是要想长久地把客源稳定下来，就要靠自己独立思考，找到一个既新颖又能切合当下时代的运营模式来操作了。

四、通过直播提高个人经营多样性，拓宽经营面

既然是直播，那就不用和传统的店面商铺一样固定、专注于做几样商品，直播最终就是要全面推销自己的产品，自然讲究全面性。大家可以参考李佳琦，他的直播间几乎什么商品都有，兼顾我们生活的方方面面。他为什么要这样做呢？第一，这样可以降低销售同质商品带来的机会成本。什么叫机会成本呢？比如我今天卖了面膜，隔壁同样在做直播，他可能卖了一款高档乳液，我可能卖十盒面膜的收益也比不上他卖那一款高档乳液的收益，那卖面膜的机会成本就是放弃卖高档乳液所能带来的收益，显然这机会成本很高。如果你开着摄像头，直播间保持着热度，迅速由面膜切

换到下一种产品，如高档乳液，那么消费者可能就会眼前一亮，觉得你这里就是百宝箱，应有尽有，碰见自己需要的，甚至自己不需要但感觉性价比很高的，其就会很高兴地下单。第二，可以最大限度地避开单一、同业竞争的风险。第三，方便消费者。一个消费者，如果选择看直播买东西，这除了说明他想要便宜的商品之外，还说明他没有多余的时间和精力去逛商场，去砍价，去精挑细选，这时候，你在屏幕前给他这么多选择，告诉他这里什么都有，他就会慢慢地把目光转移到你这里来。但是有个前提，即你的东西，必须比商场更加便宜，优惠力度更大，而且质量要过关，不然网络世界，人人共享信息，没有谁能承担得起口碑损失！

五、线上与线下销售联动

很多人想问，如果消费者已经形成了网购习惯，是不是就不需要我们具有线下的仓库了呢？答案并不是唯一的，因为要看投资者选择的品类是什么。若投资者选择衣服箱包等，那就需要直接与厂商或者零售商谈好价格，由其直接出货，相对要注意的是与这些第一手货源商谈的环节，在这一环节要注意价格的商定，包括保证品质、按时发货等，总之，只要投资者跟货源方谈好，后续就是怎么销售的问题了；如果你选择文教类商品，尤其是图书类，那你就至少需要置办一个实体仓库，最好是实体书店，因为这样可以同时兼顾线上线下，两方客源的钱你都能赚到。如果你是开花店的，那你可以在线上视频号展示三分钟到五分钟的花艺成品摆拍小视频，潜在消费者看到之后往往会觉得很好看、很有意思，进而购买，甚至可能想去你的实体店一探究竟。单纯做线上销售，就会失去线下客户。可以考虑预先付款的销售方式，有时候消费者的心理就是这样奇特，我们必须抓住商机。

我们要保证有线下店面，线下店面一是能够满足有当场购买需求的顾客的需要，二是可以实现线上线下联动。线上你可以展示产品，定位你的需求对象，然后把他们吸引到线下实体店来真正购买，这样他们会觉得有保障；再者可以做体验活动。比如，花店可以做妇女节插花沙龙活动，店长店员亲自指导，成品可以带走；香水店可以组织“我是调香师”趣味比赛活动，既能激发顾客购买的欲望，又让他们觉得你的店很有人文关怀气息，以后就会自然而然地将采购目光放在这里，长此以往就会积累稳定的客源；书店可以邀请图书作者来一场读者交流会，甚至可以小规模地组织脱口秀、音乐会等具有文艺色彩的节目；如果你是一家咖啡店主，那品鉴、调制咖啡就是现成的选择。

以上建议都是建立在店主已有的资源基础上的，为的就是实现成本和效益的平衡，甚至让效益高于成本。

视频号只是起点而不是终点

——做高情商、有温度的互联网人

视频号利用互联网让人们形成一个整体，如何让视频号传播的东西变得更有温度、更有人情味，当下投资者如何运营好一个正面、良性的视频号，如何“塑造”一个有人情味的公众号，是我们共同关心的话题。

作为视频号主，如何将自己的视频号打造成一个具有传播力、影响力的“组织”，需要我们自己去发掘这个视频号的价值。视频号主是否将视频号当作一个产品认认真真地去做，是其运营的视频号是否有感染力和号召力的重要影响因素。视频号主要明确自己的目标：为自己带来经济价值的同时，为受众带来更多的跨越时间、空间的人文关怀。

视频号主还应该有对时代信息的敏感度，比如新兴的网络课程就是一种比较贴近生活的产物，我们可以把它看成疫情催生的产物，网络培训可以采取各种面对面交互措施，比如连线面授。视频号运营中，可以一周内固定几天，每天固定几个小时，通过连线沟通、幸运抽奖、答疑解惑的方

式进行互动，会让受众觉得我们是在踏实运营视频号，而不是在虚假宣传。发挥我们的正面作用，消费者心理上就会对我们产生正面印象，这对我们日后开展一系列活动是非常有利的。

如何将视频号做得具有传播力、影响力	赞美发自本心，真诚需要“将心比心”
	营造让人感觉切实可靠并能稳定发展的投资环境
	用心经营社群，让它变成一个以号主本身为中心的“家庭”

如何通过视频号跨界创业

无论是创业还是投资，都需要找到专业的人帮助我们去放大核心的优势，只有这样我们才有可能取得成功。

在做视频号以后，我们的圈子和以前没有做视频号时相比会有哪些变化？另外，因为做视频号一定要有垂直度很高的人设，这就要考虑我们的用户画像，那么，视频号的用户画像跟其他创投类博主的用户画像有什么样的区别呢？

一、“三把筛子”精准筛选交友圈，降低运营成本，提高客户体验

（一）增加与朋友之间的交流，实现老友“再相识”

进入社会以后，朋友之间碰面、聚会、闲聊变成一件奢侈的事情，很多老朋友交流不是那么充分，往往见面了也只是短暂交流。但在网络上，老同学或者老朋友，他们可能经常刷我们的视频，通过视频他们更容易知道我们现在在做什么，知道我们最近在思考什么，他们很有可能会给我们带来很多契机。

视频号也是一种很好的链接方式。关注我们视频号的人，他肯定是看到了我们的链接或视频号里的内容，对我们有了一个基本的判断和了解，在一定意义上说对我们是一种不反感的、认可的态度。

要实现朋友之间的深入了解，更重要的是做到朋友之间的相互认同，这要从行为、喜好、价值观的交流上升到对彼此需求的肯定。通过视频号直播内容的精准定位，对方可以更快地了解到你正在做的事情，比如你有一家线下实体陶器店，对于刚添加的好友来说，你肯定不能直接给人家发图推销，那样做不仅不会把你的精美陶器推销出去，更可能适得其反，让人家觉得你添加其为好友是有功利心的。各位号主如果在线下有自己的实体产业，最简单的方式就是打开微信，在微信上开通属于你自己的视频号，然后把你的东西都放进视频号，如果有多种产品，就把产品分类，编排一些顺序，除了展示产品，还要定时与你的朋友们沟通，虽然是老朋友，但是他们肯定也有自己的需求，你可能正好能满足他们。

中国社会很重视人情，当你能够满足朋友的需求后，有些朋友就会主动给你带来价值，这些朋友是可以发展成客户的，这类朋友叫作“可变现式朋友”；还有一种朋友，他本身并不能给你带来资源，但是他们可以为你宣传，把你的东西向他们的社交圈、人脉圈推荐，起到一个传递的作用，这样的朋友我们叫作“信鸽式朋友”，他们乐于助人，善于帮忙，但是这类朋友带给你的资源不像第一种朋友那样能够起到“立竿见影”的效果；第三种朋友就很明确了，我们在哪里都能看到这样的朋友：能点赞绝不转发，能转发绝不评论，不仅如此，还会问你这些东西有没有给他们优惠，如果有，拿着东西继续潜水，没有就立刻走人，这样的朋友，我们称作“固体胶朋友”，在的时候很难缠，等到相互之间的利益情谊没了，其就离开，这种朋友，是不能为我们带来任何价值的人，我们要做到心中有数。这就是朋友筛选的重要性。

（二）实时更新动态名称，精准垂直定位，拓宽交友圈

实时更新的动态名称对精准垂直定位会起到巨大的推动作用，这有利于帮助视频号主完成目标客户的初筛选。

对于视频号创业的人来说，第一步就是要买流量，抓流量。第二步需要我们做什么呢？换句话说，即重复运营的过程我们该干什么呢？那就是不断地筛选、不断地清洗客户，而且要快速、高效地清洗。为什么？因为如果我们不清洗的话，带着那么多不是特别精准的用户去运营，我们增加的就是运营成本，这其实相当于直接降低了利润。所以个人视频号可以将内容作为第一把“筛子”，视频内容相当于对视频号的一个介绍，这样就能大概率地获得比较精准的客户群，而不用视频号主自己再单独去做运营和筛选了，也就节约了后面大量的工作和时间。

如何获得精准客户群？需要视频号主根据受众群体决定更新什么动态，什么时间更新……

比如，创业者做线上成人技能培训，他就要多在白天的时间更新视频内容，或者是上午就更新，或者是傍晚临近下班的时间更新，因为只有这个时候客户群体才有时间去看视频，而且视频内容不能发得特别多，因为你把干货内容都发完以后，后续就没有可以长期、稳定地吸引消费者的东西了，发的内容也要有针对性，要结合当下热点话题，比如技能培训，还

要明确受众是谁，他们想通过自己的视频达到什么目的，自己的视频打算给对方传达什么知识等，诸如此类的信息都要事前规划好。目前有很多网红培训机构，甚至是专门的网红公司，签约有潜力、有能力的网红新人，聘请专门的培训师给他们做培训，如果你正好是做这一方面内容的，那你首先要明确不同网红的类型，如果是带货型的就要培训其形象设计、带货技能，是知识型的就着重培训其讲解能力，是单纯摆拍型的就要培养其用话题留住观众的能力……

（三）重度服务社群，提高社群进入门槛

为什么在建立社群、注重服务的情况下还要做筛选工作呢？

现在的社群越来越多，社群往往也乱象丛生：有的人进群就为了刷广告，怎么制止都不行；有的人进群的目的是借钱……像这样的群就很难维护。这都是因为没有筛选，进入门槛过低导致的，所以社群必须提高进入门槛。

二、注重干货内容，兼顾情绪共鸣，定位视频内容与表达方式

情绪问题和相对理性的干货内容，其实都能获得不错的响应。一方面，我们应清楚做视频的目的，目的决定了我们的内容定位和表达方式。比如纪老师做一些创业视频，那他的目标人群就是创业者，内容就是创投，这就是视频号定位。另一方面，我们要把视频号想要传播的内容，通过口头表述的方式表达出来，一来这样受众更广泛，二来能让所有群体都立刻学习到最新的知识。当下最热门的内容无外乎三种类型：鸡汤类、情感类、

旅游类。这些内容不需要太高的技术含量，又能有效温暖人心，给予人力量，获得不错的点击率和播放量。

关于以上三种类型，我们可以做成不同的属于自己的网络IP，比如鸡汤类的，你可以叫“心灵驿站”“心灵之家”等，然后专门发一些能给人传播正能量的话语，或者聘请写手撰写励志故事；情感类里面最热门的就是关于两性的话题，这个“难题”可以说谁都会遇到，而且很多人并不具备正确处理两性关系的能力，所以作为一个会经营的投资者，一定要学会在发故事，分析当下男女心理的同时，开创一个私密的“盒子”，让关注着你的人可以有个途径去吐槽、去倾诉，然后平台就可以作为一个媒介，把这群人都组织起来形成小组，小组内的成员以匿名的方式相互交流，相互给予建议，即使不能解决实际问题，至少在心灵上可以做到相互温暖；旅游类的不用多说，现在的人被各种社会不成文的规则束缚，在这种趋势下，人们向往远方而又囿于现实，不容易来场说走就走的旅行，但是你的视频号，可以带着大家看很多地方，比如日本富士山、德国莱茵河、英国大本钟以及美国自由女神像这些知名的景点。人们所关注的博主会切实地去那些国家体验风土人情，然后一路边走边拍，把存在于外面世界的东西通过视频直播的方式传达给观众，现在B站上有很多UP主，标签就是“冒险旅游”，他们就是通过这种方式来传播自己想要呈现给观众的内容的，这让“身不能往心所向之”的观众足不出户就能感受到异域文化，这就是视频号直播给人们带来的红利……

重要的定位，重要的筛选，以及重要的内容，都是创办精品视频号的助推力。如果能做到以上几点，相信我们的视频号一定会越办越好。

在视频号内循环

——10年不遇的机会

打造民族品牌、释放消费需求，国家出台了许多政策来提高百姓的购买力，促进消费，但是不少人仍然把钱都投入房地产，资金大量聚集在房地产行业，给其他行业的消费水平带来一定影响。

短视频突然火爆，带动了网红经济的飞速增长。各行各业纷纷投入短视频创作领域，以求通过短视频已有的热度来给自己正在从事的行业带来足够的关注和流量，但如何才能在形式丰富、繁杂的短视频圈里找到自己的定位并获取流量呢？又如何才能打造并完善经济内循环，将房地产吸附的资金给释放出来呢？

一、顺应国家政策，打造并完善经济内循环

从这个角度来说，国家的这些政策对于我们是极其有利的，因为国家制度的扶持，我们所处的行业会得到相当程度的发展，我们也越来越有空

间和能力去消费。最近几年，从华为、小米等国产智能手机的发展，到比亚迪、红旗等国产汽车的崛起……都足以说明我们整个国家的内循环政策对某些行业来说是一次发展契机。

（一）科技创新，抓住财富机会

国家提出依靠科技创新引领发展的政策，把握住这一波机遇，就相当于抓住了财富机会。

科技创新从某个角度来说就是金融创新。鼓励资本融入科技创新，有利于净化资本市场，而有了资本的注入，科研团队就能够有足够的收益，财富的激励和科研资金的保障会更好地留住科研人才，鼓励新的设计和发明。

（二）金融改革，吸引企业回国发展

2020年年初包括注册制等在内的一系列重磅金融改革政策的推出，改变了我国股市过去的制度，加上各种外因的助力，之前赴美的企业纷纷回国发展。改革会使金融市场变得相对健康，健康的市场就能够让百姓放心地将钱投入股市。而回笼进股市的资金，能够帮助我们国家的企业进一步升级，加大原有的研发力量，从而创造出更多的就业机会。而就业机会增多，可以很好地提升我们居民的收入，进一步释放消费潜力。同时，更多优秀且有实力的公司在中国上市也会吸引海外资本进入中国市场，进一步促使我国经济内循环健康运转。

二、迎接新经济时代，应用新科技，改变传统工作模式

2020年，传统工作模式面临一个前所未有的巨大考验。在这个考验之下，新科技对组织管理模式的改变，就成了一个必然的趋势。视频号运营方法的改变，就是对我们新科技的一种迎合。

例如，美团公司，几百万名骑手是其员工，同时也是其主要客户群。

在互联网渠道下，客户、渠道、用户、经销商、经销服务商、超级用户、员工，他们之间的身份越来越模糊，甚至出现了融合趋势。

（一）整合视频号，实现变现目标

现在是存量竞争时代，互联网越来越发达，信息越来越对称，机会越来越均等，渠道越来越公开，资源越来越透明，中间环节越来越少，因此，社会的交易成本越来越低，所以这是一个价值高度对称的时代。

视频号和腾讯微信号就是这样的一种良好的互动模式。视频号主可以利用优秀的视频为自己的视频号增添内容，整合腾讯微信号为自己所用，以实现自己的变现目标。

（二）找到核心竞争力，完善自身商业模式

我们现在社会上最需要的不是传统的生意人，而是各种价值主体。那什么是价值主体呢？比如说有文化的农民、有匠心的工人、知识分子、设计师、医生、律师、作家、司机和各种才艺表演者等。这些群体依托淘宝、微信、抖音，尤其是现在火热的视频号等平台，自我生存、发展。这是未

来的一种商业模式或者说商业形态。当前，视频号正处于这种模式的转变和适应过程。

根据之前的讨论，基于自我定位，下一步我们该认真思考适合自己的商业模式了。哪些资源能为我们所用，哪些资源是我们所有……一旦商业模式改变，我们的组织管理就需要跟着去转变和完善。每个人都要找到自己的核心竞争力。

内循环对我们每个人的生产和生活都将起到积极的作用，但如何利用内循环，让我们的受益最大化呢？应该如何去选择正确的投资方式呢？我们的视频号应该用什么样的方式去做？这都是我们要潜心思考的问题。

 深耕“私域”资产的四要素

私域，目前有两种定义，一种是狭义定义，另一种是广义定义或者叫更本质的定义。私域指的是可以免费触达、反复触达的自己拥有的流量。朋友圈、微信群和个人微信好友，都属于私域范畴。微博也是属于私域这一块的。

一、掌握私域核心本质，建立并维护长远而忠诚的客户关系

现在是流量为王的时代，对于单个用户的精细化运营就变得越来越重要。如果我们不具备这个能力，就很有可能在下一个时代被抛弃、被淘汰。因为当所有人都在对用户关系、客户关系进行“精耕细作”的时候，如果我们还在用一个粗放的思维来运营，那么很有可能我们的客户价值就会变得越来越低，我们的投放效率会不可避免地下降。

更广义的私域就是长远、忠诚的客户关系。这是腾讯对私域的一个官方定义，这个定义还是挺有高度的，也非常准确。

只要我们想通过互联网赚钱，就一定会碰到“流量”这个词。流量一定是越来越重要的，这是一个不可逆的趋势。

二、占据私域两大阵地，创造私域流量、私域资产

私域流量在本质上还是流量的一种形式，它是具有流动性的。但我们的核心是资产。流量是变化的，是流动的临时性资产，这就要求人们长期打造、长期耕耘、长期精细化运营。我们所要达成的目的或者说目标，就是将流量最大化并将之都转化成资产。

私域的两大主阵地：一是微信个人号，二是企业微信。

当我们拥有了个人微信之后，我们就可以通过拉群、私聊或者朋友圈的方式触达用户了，这种触达方式是最强的、最有效的。而企业微信，它较个人微信有一些差异，它每天只能发一条朋友圈，而且它是没有历史朋友圈的，这是它相对个人微信来说较弱的一点，但它有它独有的“撒手锏”，就是它的管理效率。用企业微信跟人聊天的时候，我们可以非常方便地给对方添加标签，而且客户信息会长期存在于企业的系统里，所以很多企业都会选择使用企业微信，因为它在内部管理和用户的持续跟进方面，以及标签的留存方面，是非常友好的。

三、坚持私域内容四要素，维护个人人设，打造个人品牌

（一）内容真实

为什么在私域做内容一定要真实呢？因为私域里的人大多是我们的朋

友，没有任何人想去结交一个很假的人。和一个人维持长期的朋友关系，必须建立在真实的基础上，哪怕有一天有矛盾，都得表达一个真实的内容和情绪。朋友圈的内容不一定每一条都包含深刻的含义，可以是吃了什么早餐，路上偶然遇到了旧时老友等。但如果我们不真实，我们的人设就会在未来的某一刻蓦然崩塌，这一点对于我们来说是十分致命的。

（二）持续产出

为什么要持续产出呢？其实就是为了提高自己在私域里的存在感。朋友圈更新缓慢，没有实际内容，甚至不包含一点个人的真实情感，朋友圈的点赞和评论人数极少，这都不利于宣传视频号，不利于吸引客户。

（三）“干湿”结合

什么叫“干湿”结合呢？其实就是内容上的“干湿”结合。“干货”对于我们来说是十分有益的，但一段内容全是“干货”，是不利于大家去阅读和理解的。从某种程度来说，手机是一个随身的工具，除能学习知识外，人们肯定还希望其有一些娱乐功能，如用它听听八卦、聊聊感情等。因为人原本就是一部分是理性，一部分是感性的。

（四）长期投资，塑造自身价值感

在很多的日常表达以及一些演讲、分享当中，塑造价值感是非常重要的。教育承载的是人对于远期改变自身的一个期待、一个诉求。人们为了获得价值，就会付出对应的“价格”。

四、IP 定位，实现长期变现

IP代表着一种内容力，IP就是一种定位。

IP是几个维度的代表。它让别人一看就知道我们是做什么的，以及我们能不能对他产生实际价值，这关系到其愿不愿意为我们的IP付费。

总的来说，我们的思维都是为了变现。IP定位，决定着我们能把我们的私人资产做得多大，每年能不能稳定变现，能不能用持续的、长期的、增长的一个态势来实现变现。

 女性力量因社群而“绽放”

当今时代，女性可谓撑起一片天，在社会中发挥着举足轻重的作用，甚至在商场可与男性一决高下。下面大家共同探讨下现代女性如何选择商业模式。

一、理性投资，规避投资盲区

很多女性喜欢投资文教行业和美容业，或者开书店和咖啡店，喜好都满足了，但是在计算成本或收益的时候，才意识到这个项目前期已经投入了大量成本，但是后续并没有收回多少钱。

投资是个长期计划，投资者仅靠一时的头脑发热肯定是不行的，今天看到这个能满足自己的喜好就去投资，明天看到那个好像能给大家提供一个温馨的场所就去投资，投来投去，时间、精力、本钱没少花，不做好规划往往只能是亏本生意。所以，前期一定要考虑到有好的市场，要做长远规划，绝对不能跟风，缺乏考察地去投资，这样是非常不成熟的。我们必须目标明确，明确自己有多少资源，将来能做什么，打算做到什么程度，提前有个投资导向计划，这样才好将自己的计划落地。

二、做好线上社群运营

相对于男性而言，女性更喜欢通过建立联系找到归属感这种方式来运作自己的事业，而微信社群就恰好满足了广大女性投资者这一心理需要。社群不仅是女性朋友商业运作的一个好场所，更是通过相互了解、点赞、认知增加彼此沟通的好平台。

做好线上社群，需要找到一群能够持续不断输出的知名“大佬”，例如，吴聊社群直播间里就经常请一些业内优秀人士做客，大家一起交流心得，分享经营体验，这种方式也很适合女性投资者来拉近客户和自己的距离。做社群第一大忌是没有真实的东西，完全凭毫无意义的互动点赞来提升活跃度，这样是不能留住真正的消费“大户”的。所以无论各位女性朋友做什么，都要用心经营好自己创立的社群，比如定期亲自更新（最好是坚持日更），为群员答疑解惑，或者是组织有意义的线下活动，增进彼此之间的了解，等等，这都是为了日后生意越做越大必须做的事情。

三、发挥所长，树立属于女性创业的独特思维

社会对女性的思维定式就是柔美，但是女性也可以刚柔并济：打“温情牌”，那就是柔；对社群的内容、活动发布形式的把握，那就是刚。女性投资人，应该积极地利用女性所特有的优势开拓资源，开疆拓土……

但是，需要注意的是，相对男性而言，女性更容易受到情绪影响。所以，当女性投资人或者是其他投资人做女性产品时，一定要注意照顾女性的情绪，知道并满足她们的情感需要，甚至有时候可以给予她们些“意外

惊喜”，让她们开心，比如每次消费后会有礼物赠送，礼物本身贵重与否并不太重要，但是这能让群员看到群主的诚意，这时候她们会觉得在你这里能得到尊重，有宾至如归的感受，从而在内心对你有一种认同感。

四、坚持采用线上授课和线下活动相结合的方式

女性大多更喜欢成群结队地参与某事，所以如果你创造一个环境让对方以团体的形式参与进来，会更容易吸引女性，比如很多线上的知名活动，会有线下的延伸拓展。

具体的例子，像是美容店和化妆品店，就可以采取线上授课和线下活动相结合的方式，线上教授女性客户美容知识，线下请专业化妆师或者美妆博主来授课，教授学员如何去追求美丽，如何呵护自己，这样客户就会真正地融入进来，并真正有所收获，这能取得仅仅口头宣传达不到的效果。

五、选择长板优势，有机结合平台进行运营

广大女性朋友喜欢把自己的事业和生活结合起来，觉得这样不但可以提高自己的生活品质，而且从业的时候也可以为自己的需求服务，是非常好的事情。相对于男性，女性对色彩和美的感觉是非常敏感的，所以从事这方面的职业有独特的优势。

具体怎么运作呢？可以先在微信号或者公众号试点，先从线上推广你的产品，把商品通过互联网推出去，让顾客能够第一时间收获相关信息，信息的时效性在这时候起了很大作用，然后在你自己的微店或者公众号内

线上销售自己的商品，略过中间的代理商和分销商、零售商，即自己和厂家谈好，进货直销，省去中间环节，这样顾客购买的价格可以降下来，你的利润也会得到提升，一举两得。

六、学会找助力，促成自身美事

大部分女性在资源充足的条件下更倾向于学习如何合理调配自己的资源，而不是将资源升值为新资源，简单来说，就是女性有时会显得多虑而错失良机，也会因为对细节的执着而影响整体大局。这时候就需要将风险分散开来，做事的时候要学会策略性地注重自己不足的地方，缺什么就去寻找外力，去寻找靠谱的合伙人，而不能自己一个人包揽所有的事情。作为投资者，应该学会在必要的时候拉助力，“人多力量大”是很有道理的。

简约商业思维

———创新、创业的核心思维

改革开放至今已有40多年的时间，我们可以大致地将这40多年划分成三个阶段。1978年到20世纪90年代为第一阶段，在这个阶段，中国整个社会进行了一次思想大解放，开始往开放的世界转变，我们从计划经济走向市场经济。从20世纪90年代到2010年前为第二阶段，这是个商业引领的时代，这段时间里，中国走上了高速但粗放的发展道路，我们不仅主动倾听周边的其他声音，更学习和接受这种声音，我们接纳种种积极的、有用的、和原来思想意识不同的观念，尽管原本的商业思维和商业常识仍影响着人们。2010年往后是第三阶段，在这一阶段中国进入了一个全新的时代，这是个科技引领创新的时代，我国企业乃至国家的竞争力大大提高，国家推行了许多有利于经济发展的政策，掀起了中华大地上的创业热潮。

一、国家政策、投资热潮推动“双创”时代

国家创新、创业政策，推动了投资热潮。在当前，只要我们做的事情

真正有价值，我们所提供的产品或者服务能真正地满足市场需要，或者说击中市场痛点，那就有前途。

“双创”，激发了中国年青一代的创业精神和创业文化。

二、创业需要具备独特素质

创业，我们往往把它简单地理解为创建一个公司，但是其实“创业”这个词出现得很早，虽然其字面意义是创造事业、创建事业，但广义来讲它应该是一种精神、一种文化。

创业者需要具备一些独特的素质，真正创建一个公司并将它带向高处，需要创业者身上具备一个企业家应该具备的素质。

三、资本和资源结合，和团队共同创造市场价值

真正的创业一定是我们发现或创造了一种有差异性的或者是新的市场价值，这样我们才能通过自己的创造开拓市场，换取回报。

不管是新型企业还是传统企业，它们都有共同点：第一是资本，第二是资源。做企业一定是需要资本投入的，而资源种类就很丰富了，包括技术、市场、合作方和供应链等。

创业是什么？创业就是把资本和资源结合起来，通过我们自身和团队的共同努力，让资本和资源产生比它原来价值更高的市场价值，然后把产

品或者服务投入市场，换取我们创造的增值部分的一部分回报（这么说是因为增值部分的一部分还要回报给用户、市场）。

四、把握本质，遵循常识，聚焦关键，掌握简约商业思维的核心

简约商业思维可以概括为12个字：把握本质，遵循常识，聚焦关键。

把握本质。把握什么样的本质？我们说这个世界一直在变，变化非常大，尤其是现代，变化速度加快，但是我们既然要创业，要做企业，就一定要把握商业的本质，把握企业的本质，把握管理的本质，等等。变化的是技术，变化的是市场形态，变化的是资本在这里面发生的作用，变化的是政策……而本质是不变的。我们要通过把握本质来适应变化，迎合变化，创造价值，这样企业才会有前景。

遵循常识。处于信息爆炸时代，呈几何级数增长的漫天信息让我们无所适从，这些信息我们不容易知道哪个是对哪个是错，从海量信息中判断出对自己有用的信息十分困难，还有许许多多的新式名词，我们可能需要费很大的劲儿去理解，创业者需要时刻关注信息，筛选信息，利用信息。这便是遵循常识的内涵。

遵循常识还包括遵守市场规则，如遵守法、礼、仪，人不能不守法、不依礼、不合仪。

聚焦关键。企业是分阶段发展的，无论是创业者自己还是整个企业的

资源，都是有限的，把最有限的资源，包括财力、物力、人力以及自己的精力放在最重要的事情上，放在最关键的点上，才能带领企业少做无用功，真正在竞争环境中不断前进，形成企业的核心竞争能力，超越一些市场对手。

商场如战场，每一个关键点如果都能够处理好，企业就会比别的企业前进得快一点，就会比别的企业发展得好一点，企业就会在竞争中处于更加有利的地位，就会逐渐把自己的优势积累起来，形成真正属于自己的价值。

因此，商业中一定要把握本质，遵循常识，聚焦关键。

五、管理模式无对错，合适的模式是形成团结合力的助力

管理不分对错，管理可以有很多种方式，比如有的管理者采用军事化的管理方式，如华为，有的采取其他管理方式，如腾讯，这两家企业的管理风格不同，但是这并不妨碍两家企业巨大的价值产出。所以，管理模式本身是没有对错的，合适就好。

一个公司的运营模式和它所在的行业、员工的素质以及它原本的控制能力，都有着相当大的关系。管理这件事，无所谓对错，在正确的时间，用正确的方法和正确的人做正确的事情，这就是合适的管理模式。

六、商业的本质是价值交换

检验管理是否有效的标准是什么呢？就是用最高的效率、最低的成本

实现最好的目标。讲到这里，我们就必须聊一聊商业的本质究竟是什么。

商业的本质就是价值交换，这一点是毋庸置疑的，我们可以将商业的本质分成四个部分来讨论分析。

第一，企业的产品或者服务的质量一定得是好的，这是市场所希望解决的最起码的一个问题。比如网络购物不但使人足不出户就能买到千里以外的商品，而且购买商品的价格一般也比原本的实体店便宜许多，因此，网络购物满足人们的需求，获得极大发展。

第二，同样的商品，我们自然会选择价格更低的，或者说花同样的钱，我们希望能买到价值更高的商品。在产品和服务质量过硬的情况下，我们的成本更低，才能有更强的生存能力。

第三，效率要高。团队一定要能跟上市场的变化、技术的变化，及时解决在市场中面临的问题，如管理效率、研发效率、销售效率和各种各样的企业运转效率问题。这样的团队就是一个最好的团队，这样的团队组合在一起，能够特别有效率地完成所有企业希望完成的任务，并最终实现目标。

第四，传播要有速度和广度。怎么把企业的产品或者说服务推向市场，让精准的客户迅速知道且愿意为此消费，是很重要的一件事。对于视频号来说，需要做的就是通过视频号流量的推广和传播，用最低的成本将内容推向最多的精准客户，从而达成最高的成交量。

七、企业家所需具备的四大能力

做企业家或者说做一个合格的、优秀的创业者，需要具备四个方面的能力，分别是洞察力、决策力、执行力和领导力，通俗来讲，“四力”分别对应学者智慧、商业思维、江湖行动和家国情怀。

学者智慧解决的是我们的洞察力问题，因为在这样一个快速多变的时代，我们的眼界越宽阔，我们对知识、技术的了解越充分，我们就越有可能使我们的企业发展不出问题。所以我们需要不断地学习，不断地探索，不断地研究，到底未来世界的趋势是什么，人们的下一个需求是什么，等等。比如，我们根据信息预知自己现在做的东西可能还有三年的生命力，那么从现在开始我们就必须准备三年以后的事情。这就是所谓的第二条曲线，因为所有的产品都有生命周期，所有的商业模式都有生命周期，所以我们的洞察力需要足够敏锐。当然，这些都基于我们对科技的了解，这需要我们懂资本、懂市场和懂政策。

洞察力的掌握，没有捷径，只能靠不断地学习，不断地增长自己的见识，不断开阔自己的眼界。这是创始人不管有没有时间都需要去做的事情，闭门造车或者故步自封，是不可能带领企业走向辉煌的。

决策力可以说是商业思维。在决策的时候，我们需要集思广益，让整个决策方向趋于正确。企业一切决策的出发点和落脚点，只有一个地方，那就是市场，无论是做产品还是提供服务，最后都要投入市场，只有企业产品或服务被市场接受了，企业才有生命力。

将决策变为现实，离不开整个团队的执行力，这里形象地将执行力称作江湖行动。“江湖”两个字在这里主要指的是懂规则和讲信誉。我们无论在哪个行业，都有一定的行业规则。我们在不同的区域，比如在南方做生意和在北方做生意，规则也不太一样。有所不为才能有所为。懂规则同时讲信誉，才会真正得到市场的信任，得到各个合作方的信任，各方资源才会共同支持和帮助我们，企业才可能真正发展起来。

当企业发展到一定规模时，就需要企业领导人具备更高层次的领导力了，这里的领导力又可称作家国情怀。企业家要有强大的人格力量。大家为什么要跟着这个企业干，而不是其他企业？这就要求企业主表现出足够的优势和个人魅力，展现给大家能够带领企业走向胜利、带领大家创造更多价值的能力。

八、合伙人团队——最主要的核心力量

团队最主要的就是合伙人团队，其中可以分为两类：

第一类是对团队起到互补作用的。我们每个人都有自己的长处，但也会有一些不足，比如，我们可能在总体上有了一个很好的战略思想，但缺乏实际的销售经验和能力，那我们就会想与真正懂销售的人合作。除此之外，研发、财务等资源也都非常重要。我们需要对自己本身有非常清醒和中肯的认知，晓得自己的能力，也承认自己的不足，然后找能够补足自己短板的人一起合作，实现共赢。

第二类就是团队力量叠加型的。短板可以找人补足，自己擅长的就必

须事事亲力亲为吗？有限的精力如何才能充分合理地分配，让工作变得事半功倍呢？我们需要承认自己的不足，更需要承认在自己的长处上还有比自己做得更好的人，而这种人就是能够替我们分担工作，使我们能够抽出精力在其他地方发挥能力的人。

一个成熟的、完整的团队至少需要以上那样的人员配置，这些人员组成企业最核心的团队，这样的团队，是能够推动企业共同发展的。

不过，这个过程中必然会遇到许多不同意见，所以需要企业主拥有决策力。企业中不能过分民主，过分民主会导致企业效率低下，甚至歪曲企业原本的发展方向。民主与集中两种管理方式必须处理好。

九、信任保障，精准拓客，有利于视频号变现、创业成功

互联网技术对于现代生活的影响是巨大的。互联网在一定程度上可以分成两端，一端是信息，另一端就是信任。

互联网的前端是信息，信息的流动能够让互联网运行得更加顺畅。而互联网的后端是信任，当信息达到爆炸程度时，商品极大丰富，这时人们一定会有选择，这种选择是建立在信任基础上的。从信息（前端）到信任（后端），很可能缘于某个朋友的推荐。

抖音、视频号等的本质差异就在这里——推荐机制不同。抖音根据大数据给我们推荐视频，所推荐的视频的内容有时候并不太吸引我们，但如

果视频的内容确实是我们所关注的，比如商品正好是我们所需要的，那这个时候我们就会思考这个视频推荐的东西是否值得我们信任，我们该不该去购买，等等。而视频号是基于微信的，它的推荐机制是熟人推荐，就会较抖音有更高的信任度。当然，视频号在这个方面还有进步、完善的空间，但它基于微信的生态有着天然的优势。

视频号还有一个优点就是精准度高。视频号发展到现在，最有特色的一点就是，聚集起来的粉丝基本上都是真正对此事感兴趣的人，这样双方达成合作、产生碰撞的机会就会多很多。但这也是以视频号内容足够好，以及视频号主紧跟市场节奏，和粉丝、受众保持经常的交流和互动为基础的。

简约商业思维就是把握本质、遵循常识和聚焦关键，这12个字就是最核心的思想。当然，我们还得透过核心，去看到更加细致的方面，更全面、扎实地发展企业，并恰当地利用视频号推广自己的产品或服务，做到精准拓客，精准变现。

有为篇

任何一个时代的红利，都是留给有准备的人的。视频号来势汹汹，你准备好了吗?

新的事物往往有更多新的可能，突然出现的视频号带来了哪些新的可能呢？视频号与其他平台有什么区别？视频号未来的发展前景如何？我们该如何利用视频号取得成功呢……也许目前的你对视频号存在着很多疑惑，本篇将为大家详细解读视频号这一新的短视频平台。

视频号的功能设计

微信视频号从孕育之初到现在，被微信定位为一个人人可以记录和创作的平台，也是一个了解他人、了解世界的窗口。视频号承载了无数人的目光与期待：有人怀抱着雄心壮志入场，渴望在此大展宏图；有人则带着野心在岸边观望，伺机而动。在这种灼热目光的注视之下，微信战略级产品——视频号，在前进的路途上步调迈得格外“急促”。

一年多时间里，视频号不仅完成了产品的基础建设，形成了一定的内容生态体系，也孕育出了独具微信特色的多元商业化形态。本篇将为大家详细介绍视频号的功能，手把手教你认识并掌握视频号各项功能。

一、视频号的位置

我们点击微信的“发现”选项，打开“发现”界面，即可看见醒目的“视频号”功能，从排列顺序来看，在微信推出的各项附加功能中，它的位置高于“扫一扫”，仅次于“朋友圈”，足见微信对“视频号”的重视。腾讯在短视频方面一直不温不火，旗下微视更是被抖音、快手两大平台全面

压制，5G时代刚刚到来，短视频仍处于红利期，腾讯想要借助微信的力量在短视频领域尽快突围。

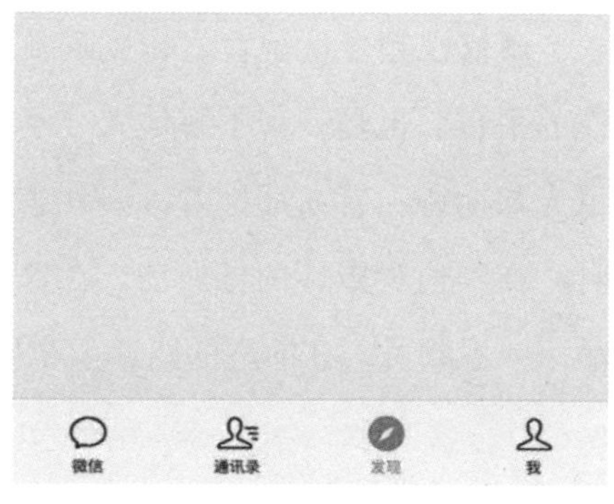

二、视频号发布视频、图片、话题功能

虽然名字叫视频号，但视频号主不仅可以发视频，也可以发图文。

目前视频号官方的竖屏比例为6：7，分辨率为1080×1260；横屏比例为16：9，分辨率为1080×608。上传视频的最大分辨率为1230×1080，最小分辨率为608×1080。视频号会根据视频号主发布的视频进行比例的调整，小于标准比例的视频上下会以黑色背景填充，大于标准比例的视频则会被裁掉。当视频上传之后，用户的名称、头像与标题、转发、点赞、评论信息将位于视频的下端，比较显眼。

视频号目前开放了30分钟长视频权限，将发布时长上限提高到了30分钟，这符合视频App逐渐开放长视频权限的市场发展趋势。此前，视频号仅支持发布1分钟以内的视频，更新后的视频号支持两种内容发表方式，一种是原先的1分钟内短视频，另一种是1~30分钟的“完整视频”。如果发布超过1分钟的完整视频，视频号会选择将视频最前面1分钟的内容作为整条视频的预告，并在右下角显示视频时长的标识，点击便可观看完整视频。

长、短视频界限越发模糊的当下，仅限于60秒的时长让很多用户大呼不够，而放开时长上限后，不仅满足了用户发布长视频的需求，也能吸引其他平台优质的长视频作者进驻。

视频号的图片上传尺寸在1080×608和1080×1230之间，数量在9张以内，图片的单张大小不能超过5MB，文案超过两行也会被折叠，发的图片不能放大保存，图片中有二维码也不能长按识别，图片显示时是左右滑动查看的，而不是像朋友圈和微博那样以九宫格的形式显示。

话题——这个功能是很多平台都有的一个基础功能，不管是抖音还是快手、小红书、微博等，都有标签话题功能，例如，“#北京”，尝试点击话题，我们会看到别人附加了这个话题的作品，很多视频号主都会通过这个功能将视频内容与热点链接起来。

目前常见的视频号展现形式为竖屏小视频（图片）+两行文案+一行公众号超链接+地点+话题+热门评论。

三、视频播放与暂停、转发、点赞、评论功能

1.视频播放与暂停

目前视频号改版以后可以暂停播放视频，用户单击屏幕即可中断视频的播放，视频号也支持拖动视频的进度条，这些优化后的功能很大程度上

提高了用户体验感。

2.转发

视频号目前的转发功能可以将内容分享至好友或朋友圈，但不支持分享至其他平台。

3.点赞

用户双击视频即可点赞，这一点和市面上其他短视频平台一样，用户对视频内容表示认同就会产生一系列联动效应，点赞、转发、评论。目前视频号还增加了“私密赞”的功能，很好地照顾到了部分用户不想被他人看到自己点赞的心理。

4.评论

视频号的评论中，点赞最多的会被置顶，用户端的页面上有浮评功能，也可隐藏浮评，默认设置是不出现浮评。评论区的头像有圆形头像和方形头像两种，二者的区别就是视频号内容发布权限不同，圆形头像的人是有视频号内容发布权限的，方形头像的人则没有。

四、关注和私信功能

1.关注

视频号“关注”按钮既显示在视频页面下方，点击即可关注，又可点击创作者头像至创作者主页面，通过橙色的“关注”按钮关注视频号。值得注意的是，即使进入视频号主主页，在我们关注了该视频号的创作者后，我们还是无法看到该号主的粉丝数量，这只有创作者本人可以看到，这一点微信视频号和其他短视频平台不一样，这个机制和微信公众号是一脉相承的。

2.私信

视频号主头像和昵称的右侧就是“私信”按钮，所有视频号用户，都可以给视频号主发私信。无论用户是否创建和运营视频号，只要有视频号观看入口，就可以给关注过的视频号主发私信，视频号主也可以给粉丝直接发私信。不过，为了防止骚扰行为，视频号对发送私信的条数做了限制：如果对方没有回复，则最多只能给对方发三条信息。

五、添加公众号文章超链接

视频号主发布作品时，可以在文案区插入公众号文章的超链接，这一操作无疑便利了为公众号导流。目前视频号监管还是比较严格的，不允许在主页、视频、文案区等地方打广告，因此，链接公众号可以做后续的转化，可以在公众号文章中放置微信二维码。

六、视频号中的小商店功能

视频号逐渐打通微信小商店功能，大部分用户只需点击视频号的主页就可以找到，点击后可跳转到微信小商店小程序。微信小商店分为两种类型，分别是“企业/个体户”与“个人”，一个微信号只能申请一个“个人”主体类型的微信小商店。

七、视频号的直播功能

视频号的“直播”按钮被设置在“发表新动态”的右侧，点击后会出现“直播”和“直播预告”两个选项。点击“直播”意味着直接开始直播；点击“直播预告”则可以创建预告，设定直播时间，创建成功后预告将显示在视频号主页视频内容的上方，其他用户可以预约观看直播。粉丝如果预约了你的直播，将会通过微信“服务通知”收到你直播的消息。同时，如果你的直播取消的话，预约了你的直播的粉丝也会通过微信“服务通知”收到你直播取消的消息。

直播间可以被发送到微信聊天中或是被分享到朋友圈，转发样式和视频号视频内容相同。同时，视频号直播支持“最小化”，最小化后的直播间将被缩为动态浮窗，用户可以一边观看直播一边用微信聊天或是浏览公众号。

直播间左上方为看过直播的人数，左下方为评论区，右上方的“×”代表关闭直播，旁边的“…”有分享给朋友、分享到朋友圈、窗口最小化等功能；右下角是购物车功能和点赞功能、赠送礼物功能，目前购物车功能只能链接微信小商店，点赞功能只能点赞，不能打赏，赠送礼物功能则可以打赏。

直播结束，会显示直播时长、本场直播总观看人数、喝彩数（就是点赞数）、新增关注人数。

从以上微信视频号的功能来看，微信视频号与抖音、快手的内容逻辑不太一样，它更像是在自有公众号、朋友圈、社交功能等优势的前提下开发的“新产品”。

一方面，视频号入口不断增加，在公域端，除位于朋友圈入口下方的一级入口外，推荐、搜一搜、话题标签、看一看、公众号、直播和附近等都设置了视频号入口；在私域端，关注、朋友、发现页、名片页、朋友圈、微信群、微信聊天对话框等均可一键进入视频号。

另一方面，视频号在功能上“大刀阔斧”地陆续更迭。从放宽视频时长、增强社交互动功能到上线直播功能、支持关联小商店等，视频号在提升产品体验的同时也在逐步搭建备受瞩目的商业闭环，以此全力支持创作者依靠内容吸粉、变现。

微信视频号与其他短视频平台的差异

微信视频号一经推出，就被很多人拿来和其他短视频平台做比较，特别是和抖音、快手做比较。抖音、快手两大平台经过几年的快速发展，已经积累了数以亿级的活跃用户群体，并且形成了自身独有的高质量内容生态体系。而视频号目前还在起步阶段，不管是在生态内容建设方面还是在体系建设方面，都还需要长期打磨。不同于微信公众号之于自媒体的影响力，微信视频号在短视频两大巨头抖音、快手面前是绝对的后辈，其以“新兵”身份闯入短视频“战场”。

一、产品设计和运营策略存在差异

归纳视频号与其他短视频平台的核心差异点，无非产品设计和运营策略存在差异。

视频号与其他短视频平台的核心差异点	产品形态存在差异
	目标用户存在差异
	内容推荐和筛选机制存在差异

（一）产品形态存在差异

在产品形态这一方面，与抖音、快手等全屏沉浸式内容展现方式不同，基于微信的视频号强调更强的社交属性，在产品设计上，选择6：7及16：9的内容呈现比例。在竖屏呈现中，微信视频号更易于突出号主和观众的互动评论，注重关系，更加容易形成独立的兴趣社区，这和公众号关注体系的核心价值是一脉相承的。

（二）目标用户存在差异

在目标用户群方面，视频号更注重产品的普适性，风格更加多元。垂直性、专业性、知识性内容均适合呈现。抖音、快手平台的目标人群多为35岁以下有娱乐或表达需求的青年人，包括专业生产者、内容分享者和娱乐消遣者三类群体，其内容主要为泛娱乐内容。

（三）内容推荐和筛选机制存在差异

与抖音、快手等强调爆款内容运营及机器算法推荐机制不同，微信视频号可以充分利用社交关系进行内容的精准推荐，你和你的朋友圈的偏好，都可能成为推荐和筛选的算法。

二、微信视频号与其他短视频平台相比有什么优势

（一）视频号在微信生态下的天然优势

微信团队利用微信在社交方面的天然优势，打造了一个内容更加真实、创作更加多样化的短视频平台。视频号的推出，是对微信内容生态的补充和完善。它是完全基于微信生态的一款短内容社交工具。

玩抖音的朋友多少会有过这样的经历，自己的一条视频取得了不错的效果，会有很多粉丝私信自己询问问题或者寻求合作，而往往你们是通过微信的方式进行沟通。这就是微信的强大之处，其拥有非常强大的社交生态优势，借助微信群、朋友圈、公众号来传播、分享视频号，不用跨平台就可以建立沟通方式。可以预见的是，未来短视频“带货”也将出现在朋友圈、微信私聊的场景中，其将比其他平台拥有更高的社交信任度，这就是视频号在微信生态下的天然优势。

（二）视频号的内容更加真实，粉丝更有价值

视频号的内容少了华丽的包装，更加真实。用过抖音的朋友都会发现，抖音的编辑功能很强大，包括配乐、滤镜、变声等丰富的特效，然而视频号就没有这些炫目的特效，这难道是微信团队没有能力打造这些功能吗？显然不是。实际上，视频号也在不断优化自己的后台编辑功能，只是视频号的侧重方向不同，它更加倾向于真实的视频内容，体现更加真实的生活、更加真实的人物角色，甚至连视频号上的网红也更加真实，比如薇娅的视频号就更多地展现了她的幕后生活，少了很多商业广告内容，这与抖音视频有很大区别。

目前，微信已成为全球最大的真实社交网络，视频号背靠微信海量用户（粉丝都是“实名制”），可以实现“实名制转发”“实名制评论”。微信视频号作为一个人人都可以创作的短内容平台，其内容创作形式比快手等短视频平台更加丰富。视频号，让创作更加简单，让内容发布和传播也更简单、更亲密。

（三）视频号的推荐机制对创作者比较友好

视频号创作更加多样化，少了同质化内容。以抖音为例，在算法推荐机制方面，抖音更加注重用户经常看的视频内容，人们往往会看到同质化的内容，久而久之自然觉得乏味。但我们仔细观察视频号主页，就会发现有一个“朋友”板块，通过这个板块你可以看见朋友喜欢的一些账号，这就让视频号的内容更加多样化，减少了同质化视频的出现频率。另外，视频号支持发视频、发图文，甚至可以附带简短的文案，短内容的创作形式更加多样。

抖音、快手平台的推荐机制主要是智能推荐，而视频号的推荐机制主要是点赞推荐，区别在哪里？抖音偏向用户偏好推荐，而视频号偏向社交推荐。视频号与抖音、快手等其他短视频平台的区别在于，前者属于信息流产品，主要依靠社交关系推荐分发，而后者属于沉浸式体验产品，主要依靠中心化的数据算法推荐。相比而言，视频号的推荐机制明显对创作者更友好。

（四）视频号具有较短的支付链接，更适合私域流量

从引流到交易，抖音需要七个步骤，而在视频号，只需要两个步骤，且所有的交易都在同一个App内完成。视频号的商业模式更加适合私域

流量，更适合私域流量的闭环和深度挖掘，这是视频号商业模式的底层逻辑。

（五）视频号的商业价值高

短视频市场几近饱和，直播电商取代广告成了内容变现的第一选择，抖音强势的品牌广告，快手的家族直播带货模式，充分契合了各自内容生态的特质。

通过比较，我们会发现微信明显具有无法取代的优势。目前除了短内容，微信直播和小程序明显比其他短视频平台更加成熟，同时微信生态下的其他产品，例如，微信公众号、朋友圈、微信支付、小游戏、小程序等，已经形成了相对成熟的商业闭环。

目前，视频号的商业价值已经凸显出来，主要体现在两个方面：

1.内容打赏

视频号作为短内容工具，和微信公众号图文长内容形成内容闭环，给公众号从业者提供了商业变现的空间。比如，知识网红“秋叶大叔”、互联网学者刘兴良等圈内大咖，发布一篇公众号付费阅读文章，利用视频号引流变现，一篇文章收入可达几十万元。这还只是内容变现的冰山一角。

2.本地生活服务

视频号利用定位功能，通过数据算法推荐，服务本地商家，很多本地视频号创作者都在利用视频号给自己的线下实体店引流。随着视频号的全面开放，众多创作者涌入，视频号背靠微信生态，有十几亿用户加持，蕴藏着巨大的商业价值。与抖音、快手不同的是，视频号凭借微信生态的强社交关系以及用户信任基础，结合直播、小程序、微信支付、公众号、社群、微信号等产品矩阵，必定会快速实现商业闭环，全方位、更优质地服务本地生活。

三、微信视频号会对快手、抖音造成冲击吗

微信视频号是否会对抖音、快手造成冲击？答案是肯定的，不过，这种冲击只是间接性的。视频号的推出只是对微信内容生态的补充和完善，它是完全基于微信生态的一款短内容社交工具。视频号与抖音、快手最直接的区别在于前者属于信息流产品，后者属于沉浸式体验产品。视频号的底层逻辑，必须在微信生态下，结合微信生态的整个产品矩阵去理解。

简单来说，与其说视频号会对抖音、快手产生冲击，不如说微信会对抖音、快手造成冲击，因为视频号只是微信生态的一个“功能”，用来分发短内容，就像抖音、快手的短视频功能一样。而除了短视频（短内容），微信直播和微信小程序则对标的是抖音、快手的直播、小程序功能。从这个维度理解，我们会发现微信明显具有抖音、快手等无法取代的优势。因为目前除了短内容，微信直播和小程序明显比其他两个平台更成熟，同时微信生态下的其他产品，例如，微信群、朋友圈、微信支付等产品，已经实现了相对成熟的商业化发展，而抖音、快手，更多的是依靠第三方。从这点来看，微信似乎更胜一筹。

事实的确如此，视频号的推出是对微信内容生态的补充和完善，它的出现弥补了微信在短视频方面的缺憾。从这个角度来看，视频号的基

本逻辑和底层代码必然是深深根植于整个微信的产品矩阵和内容生态之中的。

把视频号与微信支付、公众号、小程序等已经完全成熟的商业化产品放在一起来看，你就会发现虽然视频号还是个新功能、新产品，但是相比其他短视频平台，它的流量变现和商业转化路径是清晰且流畅的。从这点来看，视频号似乎更胜一筹。

视频号作为一个短内容平台，它融合了短文、图片和短视频等更加丰富的创作形式，这就为不喜欢短视频拍摄与剪辑的用户提供了另一种选择，视频号可以相对自然地将用户从朋友圈转移过来。

抖音和快手两大短视频平台的日活跃用户数分别突破4亿和3亿，而微信的日活跃用户超过12亿，从这个角度来看，视频号显然没有必要直接与其他短视频平台争夺用户数量，因为就像微信支付或小程序那样，或早或晚，基本所有的微信用户都会频繁地使用视频号这一功能。然而，作为微信内容生态在短视频方面的补充者和完善者，视频号必然是一个“撒手锏”级别的功能，尽管它只是微信产品矩阵中的一部分，但可以预期的是，它的全面开放必将在一定程度上“抢占”用户更多的时间和注意力，从而间接地减少用户使用其他短视频平台的时长。

视频号的商业价值

微信视频号虽然起步有些晚，但是有着强大的社交属性。张小龙在腾讯公开课上说过：未来视频号是链接微信各大渠道的核心平台。现在，视频号和微信号、朋友圈、公众号、小程序、小商店的对接已经越来越紧密，那微信视频号的商业价值究竟是怎样的呢?

一、盘活微信生态私域流量

作为微信生态2021年的重要战略布局之一，视频号正式上线后进一步促进微信生态盘活私域流量，尤其是在电商领域，有望取得重大突破。微信作为目前国内最大的私域流量平台，视频号上线后将作为微信加强私域流量运营的重要手段，在内容提供上可覆盖游戏、电商、教育、美食等领域，预计正式上线后将与腾讯看点直播、微信公众号以及微信小程序等全面打通，有利于内容从业者、MCN机构以及商家和企业升级商业模式。

二、加速微信商业生态建设

当下直播电商风头正盛，视频号的上线是对微信商业化生态建设的补充和完善，在电商和广告营销领域将为微信打开新的增长空间。

三、成为推广企业品牌和个人品牌的利器，为创业者赋能

微信视频号目前仍处于红利期，坚持深耕、持续输出优质原创内容的个人，依然有望靠视频号逆袭。同时，也会有一批第三方微信服务商和MCN机构，跟随视频号这波红利和微信的这次商业化从中受益。

很多人都特别喜欢微信公众号的Slogan（口号）——再小的个体，也有自己的品牌。公众号是微信生态里的第一个内容平台，长期以来主要以长图文的形式进行内容传播，现在，视频号的横空出世，弥补了微信生态里的短内容短板。微信公众号的这句口号，放在视频号里依然适用，甚至可以说更加适用。

在信息化高速发展的今天，一家企业或一个人，无论是做多么小的生意，无论是对哪个领域感兴趣，都可以在视频号上充分展示自己的产品或个人特长，每个人也都可以发表自己的独到见解，为自己代言，为自己的产品代言。

因此，视频号注定会成为推广企业品牌和个人品牌的利器，为创业者赋能。

四、构建基于社交电商的闭环体系

“种草”是网络上的流行用语。“种草”的意思是卖家或其他人向你分享或推荐某件商品，并激发了你购买该商品的欲望，或者你自己根据外界信息，对某件商品或事物产生了想体验或想拥有的欲望。“入手”的含义则更简单，主要是指用户通过社交电商平台，购买之前已经在心里“种”下的“草”。

视频号背靠微信生态，正在搭建一个从“种草”到“入手”的社交电商闭环体系。在前期，用户在视频号提供的场景下被“种草”，在后期，用户通过点击视频文案里附带的商品购买链接前往购物平台，实现“入手”，这是一个不断正向促进的闭环体系。

五、成为挖掘新内容需求的创新工具

虽然视频号平台上的内容才刚刚开始积累，但是我们可以预见，在未来一定会出现：视频号和公众号的结合、视频号和小程序的结合、视频号和交互式H5形态的结合、视频号和直播间的结合，等等。每一种新模式的出现，都将为视频号带来一种新的创作模式。和当年的公众号一样，视频号上线短短一年时间里，就从一个内容发布平台升级为一个集企业品牌推广、产品销售和用户服务于一体的综合性平台。

对于想运营好视频号的号主来说，在未来，视频号也可以“告诉”自己，用户到底对什么内容感兴趣。微信聚集了中国的主流网民，大家在这里进行线上生活和娱乐，讨论各种各样的话题。如果用户对某个话题的关注度高，这个话题就会在微信生态里得到迅速传播。因此，视频号主可通过观察相关视频的点赞数和播放量等数据，捕捉形形色色的用户的需求和喜好，敏感度高的视频号主还可以根据此类信息及时挖掘用户需求，调整自己的内容创新方式。

六、视频号变现

（一）短视频带货

微信小商店能在极短的时间内上线，与视频号打通，可见微信对于电商仍然念念不忘；对标抖音已经成熟的带货商业模式（星图），微信视频号目前很难直接对接品牌主，只能分佣挣钱，但微信小商店未来仍可期。

（二）直播+电商

直播+电商是目前最主流的商业模式，可预知的是微信视频号后续一定会有许多品牌方、主播、明星入驻。但是，现阶段视频号确实推荐算法还不算完善，电商的助手工具也比较少，直播+电商这个模式能不能在视频号里跑通，还有待时间的验证。

（三）直播打赏

据企查查App透露，微信在2020年10月29日以及11月6日分别注册了微信豆以及微信元宝第36类金融物管的商标，为视频号直播打赏的虚拟产品做知识产权准备。现在，微信豆已经成为微信里面虚拟产品的交易货币。收取直播打赏，一定是主播可靠的变现方式之一。

（四）社群+直播（在线教育）

在线办公、线上教育等数字化工具已经趋于成熟，一部分原因是新冠肺炎疫情特殊机遇的影响，还有一部分原因是得益于微信小程序的技术应用，相比于小程序或者App，直接在社群创建一场直播的执行成本显然更低，在线教育进场付费社群+直播授课一定是个有发展潜力的商业模式。

（五）内容+品牌植入

这种商业模式更像是软广，在保证情节完整性的同时保证品牌曝光度。抖音、快手也都在致力于“获取”这块“蛋糕”。但是，对于品牌主而言，他们更想要符合品牌调性，想跟与自己有着同一受众群体的视频号进行商务合作，因此，从一开始视频号主就要定位好视频号，想吸引什么样的广告主，自己有什么样的商务能力，是打算往这个方向发展的视频号主必须考虑的事情。

（六）本地生活探店

从最早的微博到微信公众号再到短视频阵地，做本地生活美食探店生意永远是一个很好的商业模式，毕竟民以食为天，大多数人看视频的首要目的是轻松娱乐。发布吃喝玩乐攻略内容，一定是视频号吸粉的一种讨喜方式，但难题在于如何与商家洽谈，应在与同行竞争中形成差异，避免人们审美疲劳。

（七）数据增长

有人的地方就有江湖，当数据有了商业价值，那么运营数据的人也就有了价值。什么是数据增长？坦白来说就是“刷数据”：增加粉丝数、点赞数、播放数、评论数。现在已经有规模化的刷量机构运营，但其是否能发展成规模，不仅要看技术手段，还要看微信视频号本身能否发展到“盛世”，如果视频号失去了商业价值，变成“弃儿”，那么自然也就不存在刷数据获利的人或机构了。

（八）数据服务，MCN与公会入场

新榜、西瓜数据等这类数据服务平台，在数据服务授权后都会涌进“战场”，可预知的是，微信应该不会出一个类似抖音星图官方类的平台，因此，在这个领域，第三方平台发展的机会很大，一旦微信生态的视频内容成熟，MCN与公会就会大批进场。

（九）代运营、短视频培训

这一类商业变现既有大型成熟的机构参与，也有个人“大V”逐利，视频号培训很有“前（钱）景”。

（十）专业领域＋短视频

不同于抖音专业领域变现的高门槛与难导流，微信视频号更适合专业领域+短视频这种变现方式。微信更适合私域导流，更能够长期引导，育儿、法律、保险、装修等多行业的专业人士都在分享。短视频更像是一个内容载体，比起之前的文字、图片、语音，影像更容易拉近人们之前的距离，也更容易变现。

（十一）矩阵搬运

这是一个流水线型的工作，不需要太高超的技术，需要注意的是在遵守平台规则的同时做到复制最大化、剪辑效率化，比如影视剪辑、正能量

剪辑、新闻剪辑、商业管理剪辑等。

（十二）企业岗位薪资增长

短视频的发展增加了就业岗位，带来了更多的就业机会，如编导、策划、文案、剪辑、演员，随着短视频营销的火热，相关岗位薪资也相应增长。

个人视频号如何运营

一、视频号如何取名

做视频号的第一件事就是注册视频号，注册视频号时需要格外注意以下几点：第一，视频号的名字一年只允许修改两次，因此取名时最好不要太随便，以免浪费一年仅有的两次更名机会；第二，视频号不可以重名，所以想到好名字要尽快注册。本章将与大家一起分析探讨关于视频号取名的案例。

二、视频号如何定位

取好名字，确定了赛道之后，视频号的内容应该如何定位呢？其实，在做视频号的内容规划和定位前不妨先问自己以下三个问题：

第一，你能做好什么？这一点最关键，决定成败。打开任何一个短视频平台，你都会发现，做什么内容的都有，唱歌、跳舞、画画、摄影、搞笑、做菜等，而且什么内容都有做得很好的，那自己到底该做什么呢？答案只有一个，那就是做你最熟悉的、最能做好的。

第二，你喜欢做什么？要想回答这个问题，先要问问自己能否坚持。视频号选方向一定要选自己喜欢且能长期喜欢、有原动力的方向。

第三，你运营视频号的目的是什么？做任何事情都要有目的，否则一切都是无效劳动。目的不同，做法自然不同。因此，你要用目的和价值来检验自己的所作所为，及时调整方案。如果说你的目的是实现最大流量，将来靠卖流量赚钱，那么你就要把市场规模的权重加大，等等。

三、视频号取标题的技巧

很多人的视频号内容做得挺好，却怎么都“爆”不了，为什么呢？原因就是缺少爆款标题！一个好的标题能快速、广泛地吸引用户观看。用户刷到视频，停下来看的原因，不外乎两点：封面吸引人或标题吸引人。

视频号的标题有两个核心作用：给用户看——让看到的用户点击视频；给平台看——获得微信平台更多精准推荐。

标题，是一个视频的“眼睛”，一个精彩的标题能够吸引用户观看视频。下面与大家分享几个取标题的技巧，学会这几个取标题的技巧，也许你也能轻松做出10万+爆款短视频！

（一）设置悬念

设置悬念，通俗地说，就是话说一半留一半，让用户在猜疑、揣测中期待视频接下来的内容。如果用户对你的话题感兴趣，那用户一般就会顺着你的指引继续往下看。

最常见的玩法	标题关键词：这几招……
	利用疑问词：为什么……

这一类词语靠大家平时积累，积累得越多，在写标题的时候就越容易。

（二）颠覆认知

出人意料、与大众认知差别大的内容，往往会让用户印象深刻，也更容易激发用户的兴趣。

颠覆认知	1. 我以为考上了“985”高校，就不愁找工作了，事实却是…… 2. 年薪20万元，我却活得像条狗。 ……

（三）展示价值

展示价值利用的是用户的“功利性”心理。这类内容突出的特征就是有“干货”，用户观看下来能有获得感，通常也需要把要讲的干货内容概括在标题中。

展示价值	1. 做酥肉的秘方，分享给大家。 2. 五个好习惯让你越来越瘦。 3. 奶奶的止咳小妙招。 ……

（四）引起共鸣

引起共鸣，就是起的标题要让用户觉得你和他有相同的价值观，有同样的感情，引起用户内心情感上的认同。这类标题一般属于情感类因素标题，以爱情、亲情、友情内容居多，另外还可以添加一些调动情绪的词语，如感动、暖心等。这就要求视频号主清楚自己的定位，了解自己的粉丝群，知道他们的喜好，知道粉丝所关心的内容。总之，要特别注重一点，那就是内容要跟用户有关。

视频号主要能够准确地把握自己的粉丝及潜在粉丝的关注点。

引起共鸣	1.“90后”真的很难，要跟“80后”抢资源，要跟“00后”抢时间，还要遭受“60后”“70后”的误解…… 2.一个“说话直”的人有多讨厌？ 3.千万不要高估你和任何人的关系。 ……

（五）借势热点

关注正在流行的热点话题，借助热点更容易出爆款。借势热点，简单来说又叫“蹭热点”，这是每个视频号主都必须具备的技能。热点本身自带流量，白薅的羊毛为啥不薅？如果你的内容选题与热点事件相关，那就要尽量给视频标题增加相关的词语，让大家看到。抓住社会上的热门事件，以此为切入点引出自己的内容，通过大众对热点的关注来提高文章的点击量。不过，蹭热点也要有度，即尽量不要蹭负面热点，不然很有可能会招致人们的厌恶。

借势热点	1.《奇葩说》第六季首播，金句和笑点炸裂。 2.《少年的你》上映，每一句文案都很戳心。 3.看完《你好，李焕英》，我决定为妈妈做这件事…… ……

四、视频号如何运营评论区

要做好评论区互动，首先要培养用户的互动习惯，通过在视频或文案里设置互动性问题等方式，引导用户去评论区评论。视频号评论区和公众号评论区有很大的区别，其更接近微博、抖音的评论区。视频号主可以和评论者一对一交流，如果号主留下诸如“神脑洞”式的回复，就会让评论者感到号主是一个很有意思的人，进而其会更积极地与号主开展互动，更愿意观看后续的新视频，从而营造出一个非常理想的社交氛围。这样的话，号主就能慢慢地让更多的用户通过视频号建立联系(包括互相关注视频号)，有企业微信号的号主，还可以将用户“导入”企业微信号所创建的微信群。

实际上，已经有很多号主在评论区开展积极而活跃的互动，甚至有号主将企业微信号的二维码图片发布在个人视频号主页上，其目的是通过建立相应的微信群实现导流。我们认为，无论这种做法是否有效，只要评论区的活跃度足够高，我们就有办法沉淀用户，激发用户参与更多与视频号相关的活动。

用户评论会增加停留时间，提升微信用户体验。很多人可能想不到，认真运营评论区好处之一是可以提升完播率。

第一，提升完播率与视频号的系统设置有关，用户点开评论区之后视频其实还会继续播放，在写一条评论的时间里，可能视频已经自动播放2～3遍了，这在极大程度上提升了视频完播率，因此，视频号主要鼓励用户去评论。

第二，增加用户停留时长。看别人评论的过程中，视频依然在滚动播放，人都有从众心理，谁抢占的用户多，谁的内容产生的流量价值和商业价值就高。

第三，提高用户黏性。如果用户每天来了就仅仅是看看，看完就走，什么都不做，那一定是视频对用户的吸引力不够，用户对你的视频号时间投入偏低，黏性不够，这就非常不利于你的视频号长期发展。

第四，形成账号社区氛围。用户黏性提高，评论区评论量大，那你的账号内的社区氛围就形成了。社区氛围是论坛时代产生的一个产品状态词，指的是用户在一个圈子围绕一定主题讨论的氛围。社区氛围好，有利于活跃、吸引用户。

五、视频号如何提升完播率

完播，字面意思就是视频从头到尾播放完，即你的视频内容吸引用户看完这条视频。

完播率，是播放视频的用户中有多少人完整地观看了视频。

如果一个短视频被用户点开随即就被关掉，那就说明其内容不怎么吸引用户，那么，微信官方就不会把这个视频推荐给其他用户。如果一条短视频前几秒就流失了大多数用户，平台系统在后台抓取整体数据时就会认为这个视频不被用户认可。

用户会不会看完一个视频，取决于视频能不能带给他价值，下面为大家提供几个提高完播率的小技巧。

（一）直奔主题

视频开头不要拖泥带水，要快速切入主题。用户可能只有3秒的判断时间，如果开头拖沓，大部分用户会离开。因此，视频前3秒内容要足够吸引观众眼球。

（二）反常规，制造争议

利用“杠精群体”喜欢找碴的特点，在视频或者文案区设置评论点，引起争议，通过制造争议，吸引用户评论，延长用户在视频前停留的时间，从而达到提高视频完播率的目的。视频的内容中可设计一些违背常规认知的知识点，引发用户评论，或者是二次观看。

（三）少讲废话，只讲重点

少讲废话，只讲重点，不要做无必要的铺垫。上来就直入要害，将高潮前置，最精彩的部分提前，不绕圈子，少做铺垫，能快速吸引观众。

（四）制造矛盾冲突

每个爆款视频底下都会有至少一条令人眼前一亮的“神评论”，“包装”

好评论区可以吸引用户重复观看视频。例如，可以在视频文案里面设置有争议的观点，吸引用户参与辩论。

六、视频号启动期如何运营

（一）定好发布节奏

精细化运营产生爆款，优质内容一定是基础。视频号主要确保能够稳定、有节奏、持续地更新内容，先做内容策划，再做内容规划，然后发布视频。发布视频最忌讳的是，更新了两条后不知道拍什么内容了，视频号断更半个月、一个月，然后又继续更新，这样会严重降低用户体验的连续性。

（二）流程化地做好前10条视频的推广工作

第一，罗列推广资源。盘点可用渠道，将自己所有的渠道列表，注意，要列出具体名单。整理自己的资源池，其中微信体系内的资源包括个人微信好友、微信群、公众号、小程序等，要想好哪些是可以利用的，还要考虑微信体系外的资源，包括其他自媒体平台、线下能摆放二维码的场景……其他渠道在推广每条视频时都可以利用起来。

第二，流程标准化：

第一步，发布视频之前先准备两段简单的推广文案，一个是朋友圈文案，一个是微信群文案。文案要简单，吸引人点击的2~3句话即可。

第二步，发布视频。在目标人群“有闲”的时间段发布视频，然后第一时间配文案转发到公司群、同学群、亲人群，请大家观看、评论、点赞，尽量做到三者都有。注意，不能一上来就往陌生群里发推广视频，一是容易引起人们的反感，二是人们都有从众心理，当一个用户点进来，看到已经有一定量的点赞和评论时，用户才更愿意观看，进而自己也点赞、评论。

☛ 小技巧：配文案，发到自己的微信群，配发红包，请大家观看、评论、点赞。

☛ 小技巧：配文案，发到他人的微信群，配发红包，求赞。可以加入几个视频号交流群，有些群明确允许发红包求赞的行为。

第三步，发朋友圈。发朋友圈应该是最后一个动作，这样朋友圈里的好友每次点进来都会发现你的视频点赞、评论数特别多，他们给你点赞、评论的可能性就会大大增加。

（三）做好用户互动，精细化运营

想做好视频号，必须做好用户互动（评论、点赞、转发），这跟视频号的传播机制有关。

七、视频号如何借力热点

借力，首先考虑的是借力热点，选题借力，即结合自己的内容定位，借力抖音、快手、好看、微博上的热点来选题，就算只是搬运一个热点视频，也会产生远高于其他无热点视频的播放量。

做视频号，其实非常简单，第一就是不要闭门造车，眼界要开，要对时下热点了如指掌。比如，每年春晚几大头部互联网公司都拼得“头破血流”，就是想借春晚热度。例如，微信红包就是借助了春晚热度和中国人过年发红包的习俗，瞬间引爆微信支付功能的。所以，做视频选题和内容的时候，“蹭热点”对我们引流吸粉的作用是显而易见的，“蹭热点”就是要找到更大的力量来“加持”自己的视频内容，引流吸粉。

企业如何做好视频号

多数企业前期并没有打造自己的私域流量池，而私域客户多数集中在个人微信，如何激活企业客户？视频号对于企业来说绝对是一款很好的营销利器。

视频号可以说完全打通了微信生态全私域场景，连接人，连接内容，连接生意。个人号—企业微信—微信群—朋友圈—公众号—小程序—视频号—微信直播，这样一个生态链，对于做营销的人来说，简直就是“福利”；对企业来说，更是机会，而现在企业需要做的就是做好视频号定位，定期输出视频内容，定期推送。借助微信社交生态，和朋友圈、公众号、小程序互通，再加上后期开通直播功能，“打造”企业运营整个生态链。

一些入局早的企业，已经摸索和创造出许多让人眼前一亮的新玩法。渴求优质流量和渠道的企业，肯定也感受到了这一新平台蕴含的新红利和新机会。在本节，我们将一起探讨企业到底该如何做视频号：视频号如何涨粉和做内容传播，视频号如何变现。

一、企业视频号如何涨粉

（一）从视频号的推算机制着手

2020年的微信公开课上，张小龙分享了视频号的有关内容，提出了有关推荐方式的思考，他认为推荐方式可分为三种：一是用户自己关注，二是好友推荐，三是机器推荐。三者播放的比例是1∶2∶10。

推荐方式	播放比例	内容类别	内容分析
自己关注	1	学习+娱乐	比较熟悉，少吸引力
好友推荐	2	学习类内容，需要花费脑力思考、理解的知识性信息	朋友推荐，好奇和社交信任
机器推荐	10	娱乐类内容，不需花费脑力的思维舒适区的消费性信息	懒人原则，最易获得舒适感

从内容类别上看，好友推荐内容偏向于学习类，而机器推荐内容更偏向于娱乐类。学习类内容，是需要花费脑力思考、理解的知识性信息；娱乐类内容，是不需花费脑力的思维舒适区的消费性信息。

从吸引力来看，用户对自己关注的视频号的内容会因为过于熟悉而兴趣不足，播放比例较低；而好友推荐的视频号内容，用户出于好奇和信任，播放比例会比自己关注的高；而机器推荐的视频号内容播放比例最高，因为更轻松的内容更易扩散。

同样，如果我们要做好视频号的传播，就需要利用好这三种推荐方式：

1	自己关注	充分利用私域流量池，发动我们原有的用户持续关注我们
2	好友推荐	策划福利活动，让更多用户和我们的视频号互动，分享裂变
3	机器推荐	根据用户画像、阅读喜好、互动习惯、地理位置等标签，创作更优质的内容

（二）抓住视频号的八大引流入口

1.公众号首页

公众号的资料页会显示视频号，同时视频号简介页也显示公众号，二者相互导流，可以预想，视频号将成为品牌新的微“官网”。

2.“发现”页的“直播和附近”入口

线下门店可以做基于位置服务的直播，发起直播之后定位到自己的门店，以获取周边的流量。

3.朋友圈

朋友圈无疑是视频号引流的重要入口。

4.微信群

各种各样的微信群将人们连接起来，视频号引流必须借力微信群。

5.公众号图文

可以在公众号图文中直接“插入”视频号，还可以直接“插入”直播预约。同时，也可以用话题标签的方式把流量汇总到视频号入口，话题标签打通了微信全生态。

6.微信搜索

在今年的春节，微信推出了“点亮2021”活动，用户通过微信搜索关键词就可以参加许愿活动，然后微信昵称会带上一个活动图标。一些品牌已经在尝试通过搜索把流量导向视频号。

7.二维码

二维码引流方式目前已经被个人或企业广泛使用，其有着很强的、不容忽视的引流效果。

8.广告投放

目前小程序端、PC（个人电脑）端都实现了广告投放功能。2021年2月底，视频号推广小程序全量开放，3月初，视频号PC端投放上线，呈现方式是朋友圈信息流广告。

二、企业视频号如何做内容传播

（一）创始人出镜：亲自打造IP

在今天，公司创始人已经成为一个潜在的强大流量入口，以及品牌宣传窗口，知名企业更甚，无论是小米的雷军，华为的任正非，还是新东方的俞敏洪等，都持续在证明创始人IP的长期效用力量。比如雷军，在抖音和网友互动，其目前在抖音已经拥有1000多万名粉丝，获赞2000万次以上。

而视频号，基于微信社交生态，具有不断破圈的潜力，再加上公众号图文等模块的助力，其可谓打造个人IP以及进行品牌曝光的超强渠道。例如，十点读书的林少、经纬中国的张颖等，都已经在视频号持续产出了诸多内容，也获得了可观的关注量。创始人本身就是公司的一个重要IP和品牌资产，其能够非常清晰地把自己的产品和别人的产品区别开来，并且产生溢价。此外，创始人做视频号由于强大的社交影响力，也更容易获得初始的点赞和传播，积累势能。

（二）垂直细分定位："击中用户"

专注才能专业。持续聚焦在一个领域，才能不断积累势能。和其他内容平台的生存法则一样，要想更有效地影响用户，有必要选择一个垂直细分领域，通过聚焦内容来"击中用户"。容易脱颖而出的博主最后都是基于某个特定领域的，比如美食、美妆、教育、培训等。

而对于体量已经比较大、业务线条多样化的企业而言，介绍企业背后的故事也是一个有效的传播路径。让用户在感受品牌专业性的同时，也使其有机会接触企业不为常人所知、更为生活化的一面，有利于企业打造更亲民的形象，拉进品牌和用户之间的距离，从而形成更强的品牌黏性。

（三）持续输出内容：系列化主题

在任何一个内容平台，一旦确定方向，更重要的就是持续输出，同时保持内容的优质了。在这个"被算法统治"的时代，"三天打鱼两天晒网"的内容输出习惯会被监测、判分，从而影响流量资源的倾斜。

（四）利用好一切元素：文案、评论、标签、BGM（背景音乐）等

在互联网或者新媒体行业待久了，就会对"处处皆运营""处处可运

营”有越来越深的体会。

即使视频号运营还在初始期，但对于视频号的各个元素，各路玩家都已经探索出了丰富多样的玩法。无论是文案区的“诱导”，评论区对用户的运营，还是通过相互@（提到对方）等进行流量合作等，视频号展现出来的各类玩法，已经非常丰富。而对于企业来说，不断“拆解”这些玩法，吸收底层逻辑为已所用，不失为一条高效的进阶之路。

（五）形成闭环：结合公众号、小程序等

微信生态内，不同组件的核心功能不一样。

比如公众号，可以通过图文对用户产生更深入的影响；小程序则在用户转化以及“商品货架”层面有良好表现；视频号则充分展现了视频直观生动的特点。

对这些组件进行巧妙组合，往往有利于用户进行更长路径的运营、更多触点的管理，从而更有效地提高用户对品牌的忠诚度并提高变现价值。

在具体方法上，目前的主要做法是，在视频号下方挂公众号链接，通过精彩视频为公众号文章引流，然后再在公众号里设置小程序等。

未来，随着视频号的愈加成熟，可期待的组合会更加多样和完善。

（六）“冷启动”：充分利用社群、朋友圈等

视频号目前主要还是依靠社交推荐裂变，因此，在打磨好视频质量的基础上，视频号主可以充分利用这一机制进行“冷启动”。拥有“丰沛”私域流量的玩家会有诸多优势，通过多个社群和朋友圈的宣发以及点赞引导，他们会获得视频作品出圈的起始力量。

以下玩法很有借鉴意义：一是通过评论区的评论点赞抽奖，激励用户不断评论和转发；二是设置专门的粉丝群，进行特定视频作品的任务型评论、点赞；此外，还有很多视频号主成立各种“互关互赞群”，“抱团”提高视频号热度。

当然，视频号玩法需要不断探索。

（七）矩阵化运营

矩阵化运营账号是不少玩家探索的方向。

不同的业务线可以支持不同的内容，视频号现阶段还处于红利期，因此，应尽早实现矩阵化运营，以有利于获得更多红利，并占据有利的竞争地位。

三、变现：围绕直播如何“搭建”商业闭环

（一）视频号商业变现六种模式

1	电商模式	主要是两种场景，一种是通过短视频推广产品，另一种是直播带货，后者是主流方式，转化效率更高
2	广告主模式	视频号很快会上线广告互选功能，视频号主可以作为流量主接品牌方广告
3	知识付费	线上微课可以通过视频号来呈现
4	IP打造模式	打造短视频IP，可以售卖IP周边，可以接广告等
5	线下成交模式	通过视频号把用户引导到线下，实现线上引流、线下成交。这是企业常见的变现方式，比如引流到线下门店消费等
6	引流企业微信的深度运营模式	将线上用户导向企业微信，通过社群深度运营用户，社群同时也会反哺视频号，引导用户到视频号观看直播

（二）视频号商业闭环

视频号商业闭环构建完善而友好。同时，视频号链接微信生态的各个板块，通过公众号图文传播和社群运营等方式，引导用户进入直播间，促进成交。

关键的一点是视频号可以从公域获取流量，加速商业化进程。

视频号的未来商业发展猜想

视频号，是公域流量和私域流量的完美融合。用视频号引流，用公众号成交，用微信群沉淀，打造巨大商业闭环，将给个人以及中小企业带来“弯道超车”的重要机会。如果说2020年是视频号的落地之年，那么2021年应该说就是视频号的爆发之年。

视频号的未来商业发展如何？

第一，视频号产品将加速迭代，内容运营则将保持慢热模式。

视频号的发展，沿袭快速迭代模式，可以说每个月都有新的功能出现或者其他小变化，但在内容运营上，则将保持慢热模式。这跟微信运营团队保守的运营策略不无关系。

第二，视频号营销，将会变得炙手可热。

2020年年底，视频号营销就备受业内关注，各大互联网公司的市场公关部都开始小试牛刀，2021年则可以说是各参与方大举入局的阶段。

第三，视频号生态将出现大量MCN机构和直播公会。

在2021年，视频号生态会出现大量的MCN机构和直播公会。很多博主会通过抱团取暖的方式来组成一个个小团队，竞争也将变得更加激烈。

第四，视频号内容将走向成熟，变得更加丰富。

随着视频号运营体系的成熟，优质的内容会源源不断地进来，尤其是快手和抖音等平台的头部用户，会一个个地被吸引过来。在抖音爆红的“跳舞一姐”代古拉K，也开通了视频号。这些头部大号的加入，会大大丰富视频号的内容。

第五，口播类的视频号博主，将不再主导视频号头部圈。

在2020年，口播类博主“统领”了整个视频号“江湖”，基本上每个社群，所谓的“大佬”都是口播类博主。但是2021年，这个情况发生改变，真正的“内容大军”已经“兵临城下”：搞笑类的、剧情类的、情感类的博主等，以“迅雷不及掩耳”之势，“入侵”视频号，并快速成为头部博主。

第六，视频号直播，将引发新一波造富浪潮。

对于用户来说视频号直播更加简单，尤其是对于“能说会道”的博主来说。视频号直播天然的带货、消遣和娱乐的功能，使大批直播人群涌入，通过自己的方式赚钱。

第七，视频号持续滚动式留存状态，正反馈+坚持才有未来。

所谓“滚动式留存”状态，就是一波人进来，只有一部分人留下，接下来再来一波人，然后又是一小部分人留下的状态。最后留下的这些人，一定是一开始就定位清晰，系统化运营，获得了正反馈，然后促使自己坚持下来，最后“修成正果”的。

第八，视频号与私域的结合，将成为2021年最大的创业风口。

第九，视频号在2021年将诞生“现象级”的网红，但网红在爆红之后，如何持续走红是个难题。

在2020年，靠视频号走红的博主没有几个，只有萧大业、李政霖等。而2021年，数量肯定会增加，将诞生不少“现象级”的网红，促进视频号生态文化的“成熟”。但另外一个难题是，即使诞生了“现象级”的网红，能不能持续走红，保持高流量，还是很难说的，毕竟从目前视频号的运营情况来看，用户关注之后的黏性还没有那么强。

第十，在视频号生态创业方面，2021年将会诞生大批融资项目。

附录 “吴聊咨询”案例选粹

“吴聊咨询”是我凭借自己从事公关行业20多年的专业能力，依托吴聊传播视频号、吴聊社群推出的一项个人精品服务。针对当前很多朋友视频号定位不清晰的问题，我通过“定、名、号、文、群、更、播”七字真言为大家做全面指导，帮大家明确定位、厘清思路，实际效果比较明显，得到了大家的充分肯定。下面我将“吴聊咨询”的经典案例分享给大家。

一、从“福匠聊美容”变为“福匠云美容”

（一）被咨询者的故事背景

“福匠聊美容”的号主具有多年美容经验，是中、日、韩三国的持证美容师，主要研究领域便是美容，目前在运营视频号的过程中也遇到了一些问题。

（二）运营视频号遇到的核心问题

核心问题	1. 中、日、韩三国的美容技法如何准确定位？ 2. 视频号如何起一个更加精准的名字？ 3. 视频号如何设计一个大气的口号？ 4. 推文如何优化？ 5. 社群运营如何规划？ 6. 视频内容如何规划？

（三）"吴聊咨询"给出的解决方案

1. 定位：中、日、韩美容技法融合开创者

"福匠聊美容"的定位升级为福匠美容金三角（中国的经络美容+日本的肌肉美容+韩国的皮肤美容）。

2. 视频号名字：福匠云美容

由"福匠聊美容"改为"福匠云美容"，在宣传中突出"福匠云美容"（原来是"福匠聊美容"，一个"云"字，突出了空中美容院、线上美容教育的特点，而且自带优雅美）。

3. 传播口号：居家轻医美

"居家"体现了场景，"轻医美"借势了医美，一个"轻"字又突出了与其他同类品牌的差异。

4. 公众号推文

已由专家打造，相对成熟，可在此基础上，结合本次定位、名字和口号的升级微调。

5.社群：建立付费社群

赠送高价值现有课程，提高用户价值感，建立分享机制、问答机制，分享群友成功案例，增强用户黏性。

- 建立社群使命：教你科学变美。
- 愿景：逆生长乐园。
- 价值观：真诚、专业。

6.视频号内容更新

封面尽量统一，双轮驱动，正面说成功案例，反面说美容避坑。

二、从“雪峰分享”变为“雪峰心财务”

（一）被咨询者的故事背景

“雪峰分享”视频号的号主从事财务工作20多年，主要在视频号上分享一些财务管理、金融理财类知识，其在运营视频号的过程中也遇到了一些问题。

（二）运营视频号遇到的核心问题

核心问题	1.视频号名称没有体现行业赛道。 2.自身的定位发生调整，需要重新定位。 3.视频号内容难以持续，出现断更现象。

（三）“吴聊咨询”给出的解决方案

1.定位：专业化、数字化新型财务架构师

结合了号主懂财务、懂互联网的特点，找到了新赛道。

2.名字：雪峰心财务

保留“雪峰”的IP，增加了财务的赛道，一个“心”字表明了其细心、用心、专心做财务的人格魅力和专业素养，同时也是“新财务”的谐音。

3.新口号：雪峰心财务，靠谱懂业务

号主雪峰踏实靠谱，同时又很专业，靠谱是他的关键词，同时他非常懂业务，“财务”和“业务”也有押韵的效果。

4.公众号

尽快开通同名微信公众号，完成一篇销售推文，详细介绍自己是谁，有什么专长，能提供什么业务。

5.社群

开通自己的付费社群，在社群中积极与用户互动，输出专业价值，并做好导流。

6.内容更新

结合社群里互动的各种故事，输出视频号内容，结合成功案例，尽量用平实易懂的语言讲述复杂难懂的、专业的财务知识，“紧扣”自身新型财务架构师的定位。

三、从“为你而来文创平台”变为“邵帅心文创”

（一）被咨询者的故事背景

“未你而来”是一家有10几年经验的广告行业设计公司，其拥有自媒体设计、平面设计优势，正在打造全新定位——全国首家“设计师优选文创商城”，其制定了文创设计标准，致力于从设计师产品思维、美学思维、文化思维三个维度“入手”，发展成为做优秀文创公司。

筛选出符合标准的文创产品，进驻商城平台，帮其进行互联网全体位推荐、引流推广、展示、销售，同时传达一种对文创的态度，为客户重新定义产品、梳理文化、设计文创产品。

联合行业优秀平面设计师/机构、产品造型设计师/机构、文化学者、运营团队、商城平台、生产厂家，打造文创产业链，为文创真正落地服务。同时，制定文创标准，邀请行业专家背书，每周、每月、每年度评选行业最具文创性产品，并对产品进行集中推荐、点评，对优秀设计师、设计机构进行专访。

定期组织大学生以及各种社会成员参与文创主题大赛，由行业文创专家点评，公布文创细分行业设计排名、产品排名、销售排名等。搭建“未你优选”商店，优选文创产品入驻，主推科技类、传统文化类等有实用价值和科技创新思维的文创产品。

（二）运营视频号遇到的核心问题

核心问题	1.视频号的定位问题。 2.如何起一个好听、响亮的名字传递相关诉求？ 3.传播口号应该如何制定？ 4.社群战略如何制订？ 5.视频号内容规划体系。 6.微信公众号与视频号的联动。

（三）“吴聊咨询”给出的解决方案

1. 定位：心文创首席架构师

用心做文创的首席架构师，符合其定位。

2. 视频号名字：邵帅心文创

号主全名邵长伟，粉丝称其为“邵帅”，沿用此名，可以借势传播。另外，结合新文创的特点，使用了心意的“心”，表明用心做文创。

3. 传播口号：邵帅心文创，未你新思维

“未你”是公司的名字，新旧的“新”和心意的“心”形成谐音，比较押韵，而且突出了全新的用户思维的特点。

4. 建立同名社群、付费社群

吸引优质的设计师入场，与社群用户实时交流，提高社群用户黏度和品牌传播力度，开创优质资源交互场域。

5. 内容规划体系：以“人”“货”“场”为关键字进行传播

“人”：设计师、优质客户之间的互动故事。

“货”：优质的设计师产品的故事。

“场”：有创意的营销故事，以及用户体验故事。

6. 同名微信公众号

深入、完整地介绍公司的发展历史以及优势，包括公司使命、愿景以及微信群联系方式。

四、“开挂女王”

（一）被咨询者的故事背景

“开挂女王”视频号的号主是土生土长的杭州人，“深耕”衣架行业20多年，其是新匠人品牌“王的衣架”创始人，仅用一年的时间就让企业逆风翻盘，实现从传统企业到文创定制品牌企业的华丽转身。但是，该号主在运营视频号的过程中也有着不少困惑。

视频号名称	开挂女王
传播口号	王的衣架　任性开挂

（二）运营视频号遇到的核心问题

核心问题	1.视频号如何运营才能够取得更好的传播效果？ 2.视频号在直播这一块应如何调整？ 3.视频号该以什么形式来呈现给消费者？

（三）“吴聊咨询”给出的解决方案

1.行动路径：建议从直播入手

建议频次：一周2条视频+3场直播。

建议时间：固定时间，比如晚上8点到9点。

2.直播节目名

开挂时间。

3.视频号内容产出的4种形式

（1）Vlog（微录）。

以励志的女性创业者形象，分享开挂的思想、开挂的行动。

场景可以分为事业开挂篇、人生开挂篇、爱情开挂篇、家庭开挂篇、亲子开挂篇、友情开挂篇等。

建议：以标志性动作结尾，作为超级符号，以“视觉锤”“听觉锤”结束。

（2）直播：分享自己的“开挂”经历、身边朋友的“开挂”经历。

直播连麦：邀请视频号大咖来到直播间连麦，分享“开挂”的精神和态度。

（3）产品篇：产品+品牌+工艺等内容。

（4）用户篇：以访谈的形式，分享“开挂”时刻。

五、从“根山（大山）”变为“营地山大王”

（一）被咨询者的故事背景

该视频号的号主有从事教育工作10几年的经历，其专注于体验式教育，从事营地教育、体验式培训工作，2020年开始从事青少年机器人教育（STEM教育）。

1.未来定位

青少年营地（CAMP）教育+青少年机器人（STEM）教育。

2.服务的客户群体年龄段及产品定位

- 5~8岁亲子营地教育。
- 8~13岁CAMP教育+STEM教育。
- 13~16岁STEM教育+游学教育。

3.该号主做视频号的目的

目的	（1）打造个人IP，提高个人知名度。 （2）通过视频号宣传自己的企业和产品。 （3）解答家长有关素质教育的相关问题。 （4）吸纳更多喜欢CAMP教育＋STEM教育的人加入团队

（二）运营视频号遇到的核心问题

核心问题	1.如何起一个好记、有特点的视频号名称？ 2.作品更新频率应该如何设计？ 3.如何定位社群和经营自己的社群？ 4.如何链接更多进行青少年教育的博主？ 5.做视频号和社群运营需要有什么样的团队组合？

（三）“吴聊咨询”给出的解决方案

1.视频号名字：营地山大王。

“营地”凸显从业的赛道，“山大王”是超级词汇，表示“占山为王”，体现回归自然的野性，有强悍之美，弥补了城市里的孩子缺乏和自然相处的遗憾，同时包含了“大山”IP中的一个“山”字。《大王叫我来巡山》也是热门歌曲，便于联想。

2.口号：营地山大王，探索教育家。

探索是营地教育的核心理念，同时他的公司品牌也是彩蝶探索，产生了很好的呼应。

3.定位：营地教育专家。

青少年营地（CAMP）教育＋青少年机器人（STEM）教育。

4. 视频内容规划（一周最好更新3次，同时进行直播）：

（1）用故事来讲述教育理念。

（2）用场景来展示营地技巧。

（3）用回忆来呈现教育情怀。

5. 微信公众号。

开设“营地山大王”同名微信公众号，详细介绍公司、社群综合服务。

个人介绍按照三段论来写：有结果，有情怀，有梦想。

6. 创建社群：

（1）激活已有的付费社区；

（2）通过视频号发现新的销售机会，引流到付费社群；

（3）入群赠送有价值的户外生存指南，同时组织有价值的分享，实现老师分享、群友分享、老会员分享，形成口碑。

7. 尽快找到目标受众并与他们深度链接，做好社群服务。更多地运用直播方式，这是很好的增加粉丝的机会。

8. 开设个人视频号，更具亲近感。

9. 先期团队以视频拍摄剪辑文案加社群运营为主，小步快跑，逐步迭代。

10. 先做好自己的核心价值，再对外进行交换，例如，可以借助吴聊社群内部的教育博主，逐步链接跨圈层的教育博主。